엑스포지멘터리 성경공부 시리즈

예레미야(Ⅱ)

인도자용

예레미야 24장–예레미야애가

엑스포지멘터리 성경공부 시리즈

예레미야(Ⅱ)

인도자용

예레미야 24장–예레미야애가

| 송병현 · 임우민 지음 |

차례

『예레미야(II)』 엑스포지멘터리 성경공부 오리엔테이션

(60분 소요)

* 한 주의 성경공부는 60분을 기준으로 구성되어 있으나 그룹의 요구와 형편에 따라 소절할 수 있습니다.

* 첫 번째 모임의 오리엔테이션은 다음과 같은 구성으로 모임을 갖도록 합니다.

1. 찬양과 기도(5분)

찬양하고(선택), 인도자의 짧은 기도로 모임을 시작하십시오.

2. 자기 소개(10분)

1) **서로 잘 아는 사이의 그룹일 경우** : 한 명씩 돌아가면서 자기 소개를 하도록 하십시오. 본인의 성격을 동물이나 꽃에 비유하여 소개하는 것도 자신의 특성을 잘 소개할 수 있는 방법입니다.
2) **서로 잘 모르는 사이의 그룹일 경우** : 두 명이 한 조를 이루어 자신이 '제일 잘 하는 것 한 가지'를 서로 나눕니다. 3분 정도 후 돌아가며 서로의 짝을 소개하는 시간을 갖습니다. 쑥스러운 분위기를 부드럽게 만들기 위해 인도자가 먼저 자기 소개를 하여 어떻게 하는지 본을 보이는 것이 좋습니다.

3. 학생용 책 나누어 주기(5분)

인도자용 교재는 인도자가 효율적으로 인도하기 위한 것이기 때문에 나누어 주지 마십시오.

4. 엑스포지멘터리 성경공부에 대한 소개(2분)

엑스포지멘터리(EXPOSItory + commentary = Exposimentary, 해설주석)는 '해설, 설명'을 뜻하는 'expository'라는 단어와 '주석'을 뜻하는 'commentary'를 합성한 단어입니다. 본문의 뜻과 저자의 의도와는 연관성이 없는 주제와 묵상으로 치우치기 쉬운 expository의 한계와 필요 이상으로 논쟁적이고 기술적일 수 있는 commentary의 한계를 극복하여 가르치는 사역에 도움을 주기 위한 새로운 장르입니다. 성경공부의 가장 핵심적인 목적은 **올바른 성경해석과 적절한 말씀적용**입니다.

5. 예레미야서 서론(20분)

* 학생용 교재를 사용하여 같이 나눕니다.

* 『**예레미야(II)**』 시작 전 예레미야서와 예레미야애가의 서론을 나눕니다. 예레미야서는 총 두 권으로 교재를 구성하였으며 처음 『**예레미야(I)**』에서는 1~23장을, 『**예레미야(II)**』에서는 24장~예레미야애가까지 핵심 내용들을 다루게 됩니다.

* 내용을 미리 읽어 오도록 권유합니다.

1. 예레미야서의 중심 메시지
   - 주권자 여호와
   - 새언약
   - 민족주의
   - 선지자와 하나님
   - 예레미야와 모세

2. 예레미야서 전체의 구조와 개요

   Ⅰ. 예레미야의 소명과 환상(1:1-19)

   Ⅱ. 유다와 예루살렘에 대한 경고(2:1-6:30)

   Ⅲ. 성전 설교 및 경고(7:1-10:25)

   Ⅳ. 언약 파괴와 선지자의 불평(11:1-15:21)

   Ⅴ. 경고, 권면, 좌절(16:1-20:18)

Ⅵ. 비난과 심판(21:1–25:38)
Ⅶ. 거짓 메신저들(26:1–29:32)
Ⅷ. 회복에 대한 소망(30:1–33:26)
Ⅸ. 주전 605–586년의 사건과 메시지(34:1–39:18)
Ⅹ. 예루살렘 함락 이후의 일(40:1–45:5)
Ⅺ. 열방에 대한 심판 선언(46:1–51:64)
Ⅻ. 역사적 자료 추가(52:1–34)

3. 예레미야애가 구조와 개요
Ⅰ. 예루살렘의 참남함과 황폐(1:1–22)
Ⅱ. 도성에 임한 하나님의 심판(2:1–22)
Ⅲ. 구원에 대한 소망(3:1–66)
Ⅳ. 포위에서 비롯된 백성의 슬픔(4:1–22)
Ⅴ. 자비와 구원을 위한 기도(5:1–22)

6. 서류 작성(5분)

교재의 마지막 장에 있는 '비밀 유지 서약서'의 의도를 설명하며 서명하도록 합니다.

7. 기대와 포부(5분)

성경공부 모임을 통해 기대하는 것을 구성원의 2명 정도만 이야기하도록 합니다.

8. 숙제와 실천과제(5분)

다음 주의 말씀 돋보기 부분을 숙제해 오도록 하십시오.

실천과제로 『**예레미야(II)**』에서 다루는 예레미야서 24장~예레미야애가 전체를 읽을 수 있는 데까지 소리 내어 지속적으로 12주동안 읽어 오도록 하십시오.

9. 기도
다 함께 이 성경공부 모임을 위해 기도하십시오.
다음 모임의 약속과 장소를 다시 한번 공지하십시오.

* 두 번째 모임부터는 다음과 같이 시간 구성을 하도록 합니다.

10. 이 책의 구성 및 사용방법(5분)

1) **복습 - 예상소요시간 5분**

- 복습은 지난주에 배운 말씀 중 가장 핵심적인 부분을 이해하고 있는지 확인하는 부분입니다.
- 지난주에 결단했던 **'생활의 아로마'**가 어떻게 진행되었고, 삶에 어떤 변화를 가져왔는지 간단히 나눕니다.

2) **말씀 돋보기(관찰) - 예상소요시간 20분**

- '말씀 돋보기'는 숙제로 제시합니다.
- '말씀 돋보기'는 Tip을 제시하고 있으며, Tip을 자세히 읽으면 스스로 답을 얻을 수 있습니다. 그러나 되도록이면 성경에서 답을 찾고 기록한 후, 그 문제를 이해했는지 Tip을 통해 확인하도록 하십시오.
- 문제를 함께 풀어 보고 문제에 필요한 추가 설명을 곁들이며 어려움이 없었는지 확인합니다.

3) **삶의 내비게이션(적용) - 예상소요시간 25분**

- '삶의 내비게이션'은 모임 시간에 함께 나누는 부분입니다.
- 인도자의 중요한 역할은 '삶의 내비게이션'에서 Tip을 사용하여 '말씀 돋보기'와 연결되는 삶을 나누고 방향을 함께 볼 수 있도록 안내하는 것입니다.
- '삶의 내비게이션'은 과거, 현재, 미래형으로 질문이 구성되어 있습

니다.

4) 생활의 아로마(실천) - 예상소요시간 5분

- '생활의 아로마'는 구체적인 실천과제를 학생 스스로 적고 실천하는 부분입니다.
- '생활의 아로마'는 매주 모임에서 토론한 내용 중에서 각자의 상황과 결단에 맞추어 한 가지 정도의 구체적인 실천과제를 제시합니다. 모임을 시작하면서 실천과제에 대한 나눔을 합니다.
- 나눔의 깊이는 성령님의 인도하심, 인도자의 지혜, 그리고 그룹 구성원간의 서로에 대한 신뢰 정도에 따라 차이를 보일 수 있습니다.
- 학생용 교재 마지막 장에 '**『예레미야(II)』** 말씀과 삶의 변화 일지'를 사용하여 EM성경공부를 통해 삶이 어떻게 변화되고 어떤 결과로 나타났는지 볼 수 있게 하였습니다.

〈엑스포지멘터리 성경공부 시리즈 구성〉

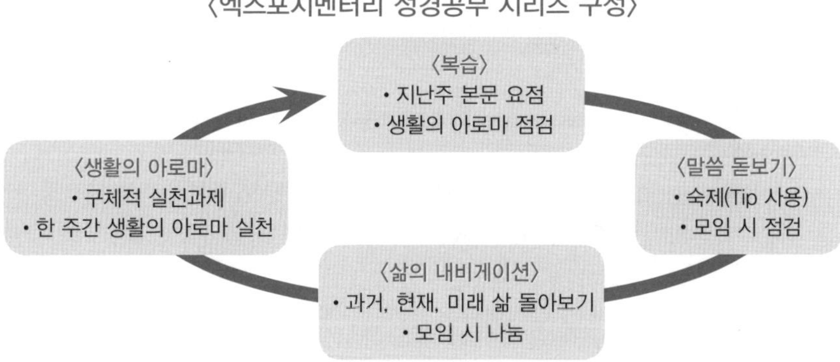

예레미야 서론

눈물의 선지자라고 알려진 예레미야는 마치 석양처럼 유다가 역사의 지평선 너머로 사라져가는 것을 끊임없이 흐르는 눈물에 흐려진 시야로 지켜보아야 했다. 그 누구보다도 나라를 사랑한 유다의 한 시민이었기에 그는 유다의 운명에 괴로워했다. 그러면서도 하나님의 따스한 위로와 소망의 메시지를 듣고자 찾아온 백성들을 향해서 "무모하게 적군과 싸우지 말고 항복하라. 그들의 포로가 되어 바빌론으로 가라"는 냉혹한 권면을 했다. 그래서 우리는 예레미야서에서 자기 백성과 나라를 매우 사랑했던 시민 예레미야와 그들에게 냉정하게 심판의 메시지를 선포해야 했던 선지자 예레미야의 끊임없는 갈등을 목격하게 된다.

1. 선지자

선지자의 이름 예레미야를 문자적으로 풀이하면 '여호와가 자유하게 하신 자', '여호와가 존귀케 하신 자' 혹은 '여호와가 세우신 자'로 풀이된다. 그는 예루살렘에서 북쪽으로 약 5킬로미터 떨어져 있던 아나돗에서 제사장 힐기야의 아들로 태어났다(1:1; 11:21, 23; 29:27; 32:7-9). 예레미야의 아버지는 제사장이었지만, 예레미야도 제사장 사역을 했는지는 확실치 않으나 제사장이 받아야 하는 훈련은 모두 받았을 것이다.

예레미야는 파란만장한 유다 역사의 마지막 순간을 지켜보며 오열했던 선지자이다. 그는 유다의 정치, 종교 지도자들을 신랄하게 비난했다. 그 대가로 매를 맞았고(20:2), 재판장에서 반역죄를 뒤집어쓰기도 했다(26장; 37:11-16). 그를 암살하려는 시도가 두 차례나 있었다(18:18; 12:6). 사람들은 그를 빈 물 저장탱크에 처넣기도 하고(38:1-13), 감옥에 감금하기도 했다(38:14-28). 그 뿐 아니라 예레미야는 자기 가족과 친척으로부터 따돌림을 받았다(11:21-21; 12:6). 예레미야가 가장 힘들어했던 것 중 하나가 거짓 선지자들의 위선과 조작된 메시지였다. 하나님의 이름을 팔며 자신들이 마치 하나님의 대변인인 것처럼 떠들어대던 사람들이 한결같이 거짓 평안과 거짓 번영에 대한 메시지를 전했다. 들어야 하는 메시지보다는 듣고 싶은 메시지에 열광하는 백성들은 거짓 선지자들이 만들어낸 메시지에 귀를 기울고, 정작 참 선지자인 예레미야에게는 등을 돌렸다. 이 모든 수난과 고통이 선지자가 하나님께 드리는 기도속의 반항과 원망의 근거가 되었을 것이다(11:18-12:6; 15:10-21; 17:12-18; 18:18-23; 20:7-18). 예레미야는 때로는 하나님이 그를 버리셨다는 생각에 괴로워했고, 때로는 하나님께 자신의 '원수'에게 보복해 달라고 매달리기도 했다. 그는 끊임없는 고통으로 신음하며 하나님의 선하심과 불변성을 의심하기도 했다. 그러나 그의 갈등은 불신이라기 보다는 진솔함에서 비롯된 아픔에 대한 토로였다(15:17-20; 20:7).

오늘날의 기준으로 예레미야의 사역을 평가한다면, 그는 한없이 실패한 사람이다. 그는 40여년 동안 하나님의 말씀을 선포했지만, 거의 모든 사람이 그가 하나님의 선지자라는 사실조차 인정하지 않았다. 예레미야는 세상의 기준으로는 철저하게 실패했지만, 하나님의 기준으로는 대단한 성공을 누린 선지자였다. 하나님의 기준은 딱 한가지, 각자가 받은 소명과 말씀에 얼마나 순종했는가, 이기 때문이다. 때로 반항하기도 했지만, 아무리 어렵고 힘이 들어도, 그는 하나님께 받은 선지자 소명에 신실했고, 하나님의 말씀에 철저하게 순종했다.

2. 역사적 정황

(1) 근동 정세

예레미야가 사역했던 시대를 전후로 한 주전 640-570년경의 근동 상황은 한 마디로 표현하면 '급변'이다. 지난 200여년 동안 군주국으로 근동 지역을 호령해 오던 아시리아의 세력이 급격히 약화되면서, 그 자리를 차지하기 위해 바빌론과 이집트가 꿈틀거리기 시작했다. 주전 625년

신바빌론이 설립되면서 지속적으로 아시리아에 군사적 압력을 가하다가 주전 616년 아시리아의 옛 수도 앗술을 향해 진군했다. 주전 614년 바빌론-메대 연합군의 손에 함락되고, 아시리아의 새수도 니느웨도 주전 612년 연합군에 의해 함락되면서 아시리아 제국은 사실상 막을 내렸다. 남쪽에서는 그동안 아시리아의 힘에 눌려 근동의 정치 무대에서 전혀 실력을 과시하지 못했던 이집트가 아시리아의 패망을 틈타 세력을 키우기 시작했다. 이집트와 아시리아 패잔병 연합군은 주전 605년에 바빌론과 근동의 통치권을 놓고 갈그미스에서 격전을 치른다. 바빌론의 대승으로 끝난 싸움은 바빌론이 근동을 다스리게 되는 계기가 되었다. 이때 패배로 아시리아 제국은 지도에서 영원히 사라졌다. 이집트는 다시 한 번 국제 무대에서 패배를 맛보았고, 조용히 숨죽이고 지내야 했다. 그러나 이집트는 북쪽 이웃인 가나안 국가들에게는 계속 정치적인 영향력을 행사했다.

(2) 유다의 상황

약소국가인 유다는 바빌론과 이집트 사이에서 살아남기 위해 안간힘을 섰다. 여호와김은 그를 왕으로 세운 이집트에 충성을 약속했다. 그러나 이집트를 물리친 바빌론 군이 시리아-가나안 지역을 침략하자(주전 604-603년), 유다를 포함한 그곳의 모든 나라가 바빌론에 충성을 맹세했다. 협박과 위협의 결과였다. 바빌론은 주진 601년에 이집트 접경까지 내려가 이집트와 다시 한 번 싸웠지만, 승부를 내지 못하고 바빌론으로 돌아갔다. 가나안의 약소국가들은 이 전투를 이집트가 앞으로 바빌론을 물리치고 근동의 강자가 될 조짐으로 받아들여 전쟁이 끝나자마자 곧바로 바빌론을 배반했다. 그러나 재정비한 바빌론 군은 가나안 지역의 반역을 응징하기 위해 주전 598년 12월에 침략을 감행했고, 가나안 지역은 순식간에 무너졌다. 예루살렘은 포위되었고, 여호야김마저 죽었다. 그 뒤를 이어 그의 아들 여호야긴이 대를 이어 보좌에 올랐으나 그의 예루살렘 통치는 3개월만에 막을 내렸다. 이듬해인 주전 597년 3월 15-16일에 예루살렘은 함락되었다. 바빌론 군은 약 8,000명의 포로와 많은 노획물을 끌고 돌아갔다(왕하 24:16). 그리고 유다왕 여호야긴을 인질로 삼아 바빌론으로 끌고가고 그 자리에 여호야긴의 숙부 시드기야를 왕으로 삼았다. 바빌론에 의해 왕으로 세워진 시드기야는 주전 589년에 바빌론을 배신하고 이집트에 충성을 맹세했다. 소식을 들은 바빌론은 다시 가나안 땅을 침범해 유다를 점령했다. 예루살렘은 포위된 상태에서 1년 이상 버티다 주전 586년 여름에 함락되었다. 시드기야는 성이 함락되기 며칠 전 밤에 성밖으로 도망쳤으나 결국 바빌론 군에 붙잡혔고, 바빌론 군인들은 시드기야가 지켜보는 앞에서 그의 아들들을 모두 처형했다. 아들들의 처형을 지켜본 시드기야는 두 눈이 뽑힌 채 바빌론으로 끌려가 그곳에서 최후를 마쳤다(왕하25:1-21; 렘 52:9-11). 두 달 후 느부갓네살의 장군 네부사라단은 예루살렘에 불을 질렀다. 그 불로 성전마저 흙더미가 되었다. 유다는 주전 568년에 이렇게 막을 내렸다.

(3) 디아스포라 공동체

예레미야가 사역하던 시대에 유대인들은 근동의 세 곳, 즉 유다, 이집트, 바빌론에 공동체를 형성하며 살았다. 이 세 유대인 공동체는 각자 특성을 지녔다. 첫째, 유다에 형성된 공동체는 신분적으로나 능력면에 있어서 자투리라 할 수 있는 가장 볼품없는 사람들로 이루어진 공동체였다. 바빌론 사람들은 주전 597년과 586년에 유다의 중류층 이상의 사람들 대부분을 강제로 바빌론으로 끌고 갔다(cf. 왕하 25:11; 대하 36:20; 렘 52:15). 유다에 남은 사람들의 삶은 매우 비참했다. 경제적으로 궁핍했고, 정치적으로 무기력했고, 영적으로 마비된 상태였다.

둘째, 이집트에는 바빌론을 두려워해서 도피한 유다 사람들의 공동체가 형성되었다. 그들은 바빌론이 군주로 자리매김을 한 주전 605년 이전부터 이집트로 이주해갔다. 예루살렘이 함락된 주전 586년 이후에 바빌론을 두려워한 유다에 남아 있던 사람들 중 일부가 이집트로 망명했다. 주전 581년경에 이집트로 내려간 사람들은 바빌론이 유다 총독으로 세운 그달랴가 암살 당하자 바빌론의 보복이 두려워 유다를 떠났다(왕하 25:25-26; 렘41:1-2). 이 때에 예레미야도 강제로 끌려가 이집트에서 일생을 마쳤다(cf. 렘43장).

셋째, 바빌론에 형성된 공동체는 본인의 의지와 상관없이 유다에서 끌려간 인질들이 주류를 이루었다. 포로로 끌려온 유대인들은 바빌론 사회에 빨리 흡수되었지만 자신들의 민족적 정체성은 잃지 않고 유지했다. 그들은 장로제도를 그대로 유지했으며, 자신들의 족보도 계속 보전했다(cf. 스 2장; 느 7장). 또한 그들은 예루살렘이 함락되기 전까지 본국과 계속 연락을 취했다(렘 29장). 그들은 예루살렘에서 멀리 떨어져 있었지만 다양한 예식, 할례, 안식일 성수 등을 준수하며 항상 모세의 율법을 최대한으로 지키기 위해 노력했다(cf. 사 56:2-4; 58:13; 겔 44-46장). 그러나 에스겔에 의하면 그들의 영적 상태는 그다지 좋지 않았다.

3. 메시지

(1) 주권자 여호와

예레미야는 유다의 하나님을 온 세계에 절대적인 주도권을 행사하시는 창조주로 묘사한다. 유다 백성은 여호와가 힘이 없어서 아시리아와 바빌론의 신들에게 그들을 내어주었다고 생각하지만, 선지자는 유다 뿐만 아니라 이집트, 바빌론 등에서 벌어지고 있는 모든 일이 여호와의 주권 아래 진행되고 있다는 사실을 강조한다. 주의 백성에게 임한 어려움과 환난 역시 하나님이 목적을 두고 행하신 일이라는 것이다. 유다의 하나님 여호와께서는 온 우주의 창조주일 뿐만 아니라, 창조된 세상을 다시 파괴할 수 있는 권한과 능력의 소유자이기도 하다. 선지자는 하나님을 자주 '물'로 비유한다(2:13; 17:7-8, 13). 하나님은 온 우주를 채우고(23:24), 비를 보내며(5:24; 14:22b), 바닷물도 지배하신다(5:22). 여호와 하나님은 또한 무한히 거룩한 분이다. 선지자는 유다 백성의 죄를 부각시켜 그들과 대조되는 하나님의 거룩하심을 강조한다. 여호와 하나님은 백성들로부터 무한히 뛰어나고 멀리 계신 분이다. 하나님은 존재적으로, 본질적으로 이 세상의 그 무엇에도 비교될 수 없는, 모든 것을 초월하신 분이다. 그러나 동시에 하나님은 매우 가까운 곳에서 백성들을 지켜보시는 분이다. 여호와는 인류의 역사와 백성들의 삶에 직접 개입하고 간섭하시는 분이다. 주님은 정열적으로 유다를 사랑하고 끊임없이 자비를 베푸시는 하나님이다.

(2) 새언약

새언약은 과거에 유다가 너무나도 쉽게 파괴했던 하나님과의 '부부관계'보다 더 친밀한 관계를 요구한다(31:32). 예레미야는 새언약이 옛언약처럼 돌에 새기는 것이 아니라 죄의 온상이라고 할 수 있는 사람의 마음에 새겨질 것이라고 말한다(31:33). 마음에 새겨진 말씀이 사람의 삶을 지배할 때가 오리라고 기대하는 것이다. 이 언약은 하나님을 아는 참 지식에 근거를 두어야 하며(31:34), 그동안 쌓인 모든 죄 문제를 해결할 수 있어야 한다(31:34). 그렇지 않으면 새언약을 체결할 의미가 많이 희석되기 때문이다. 주의 백성이 미래에 기대할 만한 완전한 변화는 그들 마음에 새겨지는 율법을 중심으로 실현될 것이다. 선지자는 '의로운 가지'에 미래에 대한 기대를 걸고 있다. 그리고 이 가지는 다윗의 자리를 그대로 계승한다(23:5). 그러므로 미래는 새언약, 새율법, 새왕, 이 세 가지가 조화를 이루는 낙관적인 곳이다.

(3) 민족주의

선지자는 민족주의가 자기 백성을 맹목적으로 지지한다는 생각을 처음부터 배제한다. 그는 한 번도 유다 백성이 지은 죄에 동조하거나 묵인하지 않았다. 그들의 죄를 합리화하거나 정당화하지도 않았다. 오히려 그들의 죄를 맹렬하게 비난하며 회개할 것을 촉구했다. 심지어 그를 매국노로 취급하는 백성의 오해와 비난을 받으면서도, 더 나아가 자신의 메시지 때문에 감옥에 갇히면서도 회개를 촉구했다. 유다를 가장 사랑하는 유다 시민으로서 예레미야는 그들이 듣고 싶어하는 메시지보다 들어야 하는 메시지를 과감하게 선포하며, 그들이 하나님께 돌아오기를 호소했다. 진정한 민족주의자는 백성이 듣기 싫어하더라도 꼭 들어야 하는 하나님의 메시지를 전하는 사람이다. 그것은 결코 쉬운 일이 아니다. 그래서 선지자는 메시지를 선포하며 많은 비난과 핍박을 받았다.

우리는 예레미야에게서 진정으로 민족을 사랑하고 나라를 사랑하는 것이 무엇인가를 배워야 한다. 진정한 애국은 무조건 나라와 민족이 하는 일을 지지하는 것이 아니다. 하나님의 뜻에 비추어볼 때 민족과 나라가 어떻게 하고 있는가를 과감하게 알려주는 것이 성경적 민족주의이다. 또한 단기적인 안목이 아니라 장기적인 안목을 추구해야 한다. 참된 민족주의는 백성의 잘못을 알려줄 때 정죄의 입장이 아니라, 안타깝고 애틋한 마음으로 백성의 일원이 되어 눈물을 흘리며 메시지를 전하는 것이다. 이것이 성경이 예레미야를 통해서 보여주는 진정한 민족주의자의 모습이다.

(4) 선지자와 하나님

처음부터 하나님이 주신 선지자의 소명을 순순히 받아들이려 하지 않았던 예레미야는 사역을 시작한 후에도 하나님과 많은 '갈등'을 빚는다. 한번은 선지자가 하나님의 명령에 따라 성전에 가서 말씀을 전하다가 성전을 관리하는 제사장에게 잡혀 감금당하고 다음날 매를 맞고 풀려난 일이 있었다(19–20장). 예레미야는 보호를 약속해 놓고 자기를 보호해 주지 않으신 하나님을 원망한다(20:7–10). 그래도 분이 풀리지 않아 자기가 태어난 날을 저주했다(20:14–18). 하나님이 모든 피조물을 아름답게 창조했고, 모든 사람을 귀하게 만드셨다는 섭리에 문제를 제기한다. 예레미야가 이처럼 하나님을 원망하는 이유는 하나님이 그에게 주신 사역이 너무나 힘이 들고 어렵기 때문이다. 성경은 하나님이 함께하신다고 해서 항상 일이 잘 풀리거나 고통이 없는 것은 아니라고 말한다. 오히려 하나님이 함께 할수록 우리의 삶과 사역이 더 어려울 수 있다. 사탄의 방해가 그만큼 더 크기 때문이다.

선지자는 하나님의 신뢰성에 문제를 제기하기도 했다(15:17–18). 그는 하나님이 절대 믿을 수 없는 분이라고 주장했다. 그러나 하나님은 선지자의 맹렬한 비난에도 그를 책망하거나 화를 내시는 일이 거의 없다. 예레미야와 하나님의 관계는 다른 선지자들에 비교했을 때 하나님은 그 어느 선지자보다 예레미야에게 가까이 오셨다. 주님은 선지자와 동행하고 부모의 심정으로 그와 호흡을 같이하신다. 힘들다고 불평을 토하는 선지자의 하소연을 받아 주신다. 예레미야는 자신과 함께하시는 하나님을 통해 모든 아픔과 스트레스를 해소해가며 사역한다. 그는 선지자들 중 하나님의 함께하심을 가장 확실하게 체험하며 살았다.

(5) 예레미야와 모세

예레미야서는 여러 가지 면에서 선지자를 마치 제 2의 모세처럼 묘사한다. 두 사람 사이에는 다음과 같은 공통점이 있다.

- 하나님이 자신의 말씀을 이들의 '입에 넣으셨다(1:9; 신18:18).
- 이 두 사람은 열방에 보내진 선지자들이다(1:4; 출3:10).
- 소명이 임했을 때 자신들의 무능력을 핑계로 사역을 거부했다(1:6; 출4:10).
- 모세에게는 여호수아가, 예레미야에게는 바룩이 있었다.
- 두 사람 모두 이집트로 갔다.
- 두 사람 모두 백성들을 위해 끊임없이 중보했다.

4. 개요

Ⅰ. 예레미야의 소명과 환상(1:1–19)
- A. 표제: 선지자의 시대(1:1–3)
- B. 소명(1:4–10)
- C. 두 환상(1:11–16)
- D. 하나님의 권면과 약속(1:17–19)

Ⅱ. 유다와 예루살렘에 대한 경고(2:1–6:30)
- A. 하나님의 유다 책망(2:1–37)
- B. 선지자의 호소: 돌아오라!(3:1–4:4)
- C. 북쪽 침략자 경고(4:5–31)
- D. 영적으로 몰락해 듣지 못하는 유다(5:1–31)
- E. 다가오는 예루살렘 멸망(6:1–30)

Ⅲ. 성전 설교 및 경고(7:1–10:25)
- A. 성전에서 선포한 말씀(7:1–8:3)
- B. 치유가 불가능한 유다(8:4–10:25)

Ⅳ. 언약 파괴와 선지자의 불평(11:1-15:21)

A. 파괴된 언약(11:1-17)

B. 예레미야 암살 음모(11:18-12:6)

C. 기업을 버리신 하나님(12:7-15:21)

Ⅴ. 경고, 권면, 좌절(16:!-20:18

A. 심판과 약속(16:1-21)

B. 경고와 권면(17:1-27)

C. 토기장이 방문(18:1-23)

D. 질그릇을 통한 교훈(19:1-15)

E. 선지자의 수치와 좌절(20:1-18)

Ⅵ. 비난과 심판(21:1-25:38)

A. 임박한 유다 멸망(21:1-14)

B. 왕들에 대한 선포(22:1-23:8)

C. 거짓 선지자 비난(23:9-40)

D. 무화과 두 바구니(241:10)

E. 하나님의 분노(25:1-38)

Ⅶ. 거짓 메신저들(26:1-29:32)

A. 성전 설교와 반응(26:1-24)

B. 여호와의 멍에(27:1-28:17)

C. 포로민들에게 보낸 편지(29:1-32)

Ⅷ. 회복에 대한 소망(30:1-33:26)

A. 회복 약속(30:1-24)

B. 새 언약(31:1-40)

C. 땅을 사는 예레미야(32:1-44)

D. 회복 약속(33:1-26)

Ⅸ. 주전 605년-586년의 사건과 메시지(34:1-39:18)

A. 배신과 신실함(34:1-35:19)

B. 선지자의 책을 찢는 여호야김(36:1-32)

C. 수감된 예레미야(37:1-21)

D. 물저장 탱크에 갇힌 선지자(38:1-28)

E. 바빌론의 손에 함락된 예루살렘(39:1-18)

Ⅹ. 예루살렘 함락 이후의 일(40:1-45:5)

A. 예레미야 석방(40:1-6)Ⅳ

B. 불안한 정세와 그달랴 암살(40:7-41:18)

C. 듣기를 거부하는 백성(42:1-43:7)

D. 이집트에서 선포된 메시지(43:8-45:5)

Ⅺ. 열방에 대한 심판 선언(46:1-51:64)

A. 이집트(46:1-28)

B. 블레셋(47:1-7)

C. 모압(48:1-47)

D. 암몬(49:1-6)

E. 에돔(49:7-22)

F. 다마스쿠스(49:23-27)

G. 아랍 족속들(49:28:33)

H. 엘람(49:34-39)

I. 바빌론(50:1-51:64)

Ⅻ. 역사적인 자료 추가(52:1-34)

A. 시드기야의 최후(52:1-11)

B. 예루살렘 파괴(52:12-27)

C. 포로들의 숫자(52:28-30)

D. 여호야긴의 자유(52:31-34)

예레미야애가 서론

예레미야애가는 주의 백성 이스라엘이 건국 이래 경험한 최고로 슬프고 충격적인 일(주전 586년에 바빌론 군에 의해 나라가 멸망한 일)에 대해 주체할 수 없는 슬픔을 잘 표현하는 책이다. 예레미야애가는 우리의 마음을 한없이 슬프게 하며 절망의 늪으로 빠져들게 한다. 그러면서도 하나님의 은혜의 전율에 사로잡히게 하는 반전을 지닌 책이다.

1. 역사적 정황

책이 곳곳에서 제공하는 여러가지 정보를 고려할 때 애가는 주전 586년에 있었던 예루살렘 멸망을 역사적 배경으로 삼는다. 바빌론의 느부갓네살 왕은 예루살렘을 포위한 지 18개월 만인 주전 586년 여름에 성을 함락시킨다. 예루살렘의 함락은 이스라엘이 하나님의 지속적인 경고를 귀담아듣시 않은 결과이나. 그럼에도 불구하고 바빌론의 공격에서 살아남은 사람들은 매우 고통스러워하고 괴로워한다. 얼마나 고통스러운지 생존자들은 과거를 회상하거나 미래를 계획할 여유가 없다. 그래서 애가는 오직 생존자들이 당면한 현재의 고통에만 초점을 맞추어 애가를 부른다.

2. 저자와 저작 연대

유대인들의 가장 오래된 전통에 따르면 애가의 저자는 선지자 예레미야이다. 애가는 주전 586년에 바빌론 군에게 완전히 파괴된 예루살렘의 모습을 옆에서 지켜본 증인이 저작한 것이 거의 확실하다. 그러나 책은 예레미야의 저작권에 대해 구체적인 언급을 하지 않는다. 더 나아가 누가 이 책을 기록했는지 도무지 힌트를 주지 않는다. 아마도 저자가 자신에게 독자의 관심이 집중되는 것을 피하고, 책의 메시지에 모든 관심을 쏟도록 하기 위해서일 것이다. 결론적으로 말하면 아직까지 저작권에 대하여 논할 만한 증거가 충분하지 않다. 그래도 가장 합리적인 입장은 전통적인 견해인 예레미야의 저작권이다.

애가의 내용과 역사적 정황을 고려할 때 이 책은 아무리 늦어도 주전 550년 이전에 저작된 것이 확실하며, 주전 580년 사건 직후에 예루살렘에서 이 책을 집필했을 것으로 생각된다. 그러므로 애가는 주전 586년에 예루살렘이 바벨론의 손에 멸망한 것을 옆에서 지켜본 사람이 그 사건에 대한 기억이 생생하게 살아 있는 동안에 저작한 것으로 본다.

3. 신학과 메시지

예루살렘은 여러가지 이유 때문에 불가침한 도성으로 알려졌다. 첫째, 예루살렘은 3면이 절벽으로 둘러싸여 있던 지형적인 여건 때문에 적은 수로도 많은 군사들을 쉽게 대적할 수 있었다. 둘째, 예루살렘은 여호와의 성전이 있는 곳이다. 그러므로 하나님은 자신의 명예를 지키기 위해서라도 절대 이 도성이 함락되도록 허락하지 않으실 것이라는 주장이 널리 퍼져 있었다. 셋째, 하나님은 다윗과 언약을 맺고 다윗의 후손들이 영원히 이스라엘을 통치할 것을 선언하셨다. 예루살렘은 다윗 통치의 상징이기 때문에 하나님은 다윗과의 약속을 지키기 위해서라도 결코 예루살렘을 파멸에 이르게 하시지 않을 것이라는 주장도 있었다.

문제는 예루살렘의 파괴가 주전 586년에 역사적인 사실로 드러났다. 믿기 어려운 일을 당한 그들에게 가장 받아들이기 힘든 것은 하나님이 자기 백성으로 선택한 사람들을 스스로 버리셨다는 사실이었다. 이 같은 현실은 주의 백성의 죄로 빚어진 결과이며(cf. 1:5; 2:14; 3:42; 4:13; 5:16), 진노한 하나님이 내리신 심판의 결과이다(cf. 1:12; 2:1; 3:1; 4:11; 5:22). 백성은 자신들이 저지른 죄에 대한 대가를 받았음을 인정하면서도, 정작 자신들이 저지른 죄가 이처럼 가혹하게 처벌될 정도로 심각한 것인가에 대해서는 혼란스러워한다. 그래서 저자는 예루살렘 멸망과 연관된 모든 파괴와 고통을 상세히 기록할 뿐 만 아니라 영원히 기념하고자 하는 목적에서 이 책을 집필했다.
하나님께 버림받은 주의 백성은 신학적인 위기와 정신적 붕괴를 경험하고 있다. 그동안 그들이 영원불변의 진리로 여겼던 것들이 한순간에 무너져 내렸기 때문이다. 애가는 요시야 시대에 대대적인 종교개혁을 통해 하나님께 나아가려 했던 노력에도 불구하고 버림받은 주의 백성의 슬픈 노래이다. 백성은 유다의 멸망이라는 역사적 현실과 그들이 믿어왔던 시온 불가침설의 관계에 대해 혼란스러워하며 눈물을 흘린다.
예레미야애가가 주는 교훈은 여섯 가지로 살펴볼 수 있다.
첫째, 우리가 의롭게 살지 못하면 우리 자신은 물론이요, 우리가 구성하고 있는 사회까지도 파멸의 길을 걷게 된다는 사실을 경고한다. 사회가 타락하는 것에 대한 책임은 그 사회를 구성하고 있는 각 개인에게 있다.
둘째, 과거에 하나님이 부어 주셨던 축복이 결코 오늘날 우리가 죄의 길을 걷는 것을 정당화할 수 없다.
셋째, 교회를 포함한 세상에 존재하는 모든 기독교 기관들이 하나님께 신실하지 못할 때는 하나님의 심판을 피해갈 수 없다.
넷째, 하나님은 선포하신 말씀을 성취하시는 분이다. 하나님은 주전 586년 멸망이 이들에게 임하기 전에 수차례 선지자들을 통해 경고하셨다. 하나님의 말씀이 때로는 더디게 성취되는 경우도 있으나 확실한 것은 그 분의 말씀은 꼭 성취된다는 사실이다.
다섯째, 우리의 모든 고통은 오직 하나님에 대한 믿음 안에서만 진정한 의미를 찾는다. 세상의 그 무엇도 우리를 치유할 수 없으며, 고통의 의미를 설명할 수 없다. 오직 하나님을 의지하는 믿음으로만 가능한 일이다.
여섯째, 때로는 회개와 회심이 너무 늦을 때도 있다는 것을 경고한다. 이들은 끊임없이 주어졌던 경고에 별 반응을 보이지 않았다. 그리고 드디어 사건이 터진 날, 비로소 주님께 소리쳤지만, 재앙을 돌이킬 수 없었다. 너무 늦게 깨달았고, 너무 늦게 반응한 것이다. 평소에 후회할 일을 하지 않는 것이 벌을 예방하는 최선의 방법이다.

4. 애가의 정경적 위치

기독교 정경과 칠십인역에서 애가는 예레미야서 다음에 등장하는 책이다. 아마도 정경의 순서를 정한 사람이 예레미야가 이 책을 저술한 것으로 생각했기 때문에 애가는 예레미야와 묶어서 취급했을 것이다. 그러나 율법, 선지서, 성문서 등 세 가지로 분류되는 유대인 정경에서 애가는 세 번째 부분인 성문서에 포함되어 있다. 성문서에서도 애가는 룻기, 아가, 전도서, 에스더와 함께 어우러져 메길롯(Megilloth; viz., 문자적으로 풀이하면 '두루마리들')을 구성하고 있다. 메길롯은 이스라엘의 각 종교적 절기 때 읽히던 책들을 모아 놓은 것이다. 그 중 애가는 주전 586년에 바빌론 군에 폐허가 된 예루살렘을 기념하는 날에 읽히다가, 주후 70년 로마군에 다시 예루살렘이 파괴된 후에는 이 두 사건을 함께 기념해 읽히게 되었다.

5. 개요

Ⅰ. 예루살렘의 참담함과 황폐(1:1–22)
- A. 파괴된 하나님의 도성(1:1–11)
- B. 파괴된 도성의 탄식(1:12–22)

Ⅱ. 도성에 임한 하나님의 심판(2:1–22)
- A. 파괴된 유다(2:1–10)
- B. 내레이터의 상황 보고(2:11–19)
- C. 시온의 간구(2:20–22)

Ⅲ. 구원에 대한 소망(3:1–66)
- A. 하나님의 자비와 언약에 대한 소망(3:1–24)
- B. 심판에 대한 묵상(3:25–39)
- C. 용서와 구원에 대한 간구(3:40–66)

Ⅳ. 포위에서 비롯된 백성의 슬픔(4:1-22)

A. 포위된 예루살렘(4:1-20)

B. 소망과 확신(4:21-22)

Ⅴ. 자비와 구원을 위한 기도(5:1-22)

A. 공동체의 탄식(5:1-18)

B. 공동체의 구원 호소(5:19-22)

제1주 죽을 때 죽더라도

예레미야 26:1–24

학습목표

하나님은 어떤 상황에서도 하나님의 말씀을 용기있게 선포하는 사람을 보호하신다는 사실을 알 수 있다.

KEYWORD **용기, 선포, 보호**

Ⅰ. 찬양과 기도

Ⅱ. 복습문제 풀이

복습

1 하나님이 세우실 의로운 왕의 통치에 대하여 약속하신 세 가지는 무엇인가?(23:3–8)

a) 3–4절: 흩어진 양들을 직접 모으실 것이다.

b) 5–6절: 의로운 가지를 세우실 것이다.

c) 7–8절: 출애굽보다 더 놀라운 구원의 날이 주의 백성에게 임할 것이다.

Ⅲ. 말씀 예레미야 26:1–24을 다 함께 읽는다

26:1 유다의 왕 요시야의 아들 여호야김이 다스리기 시작한 때에 여호와께로부터 이

말씀이 임하여 이르시되 [2] 여호와께서 이와 같이 말씀하시니라 너는 여호와의 성전
뜰에 서서 유다 모든 성읍에서 여호와의 성전에 와서 예배하는 자에게 내가 네게 명
령하여 이르게 한 모든 말을 전하되 한 마디도 감하지 말라 [3] 그들이 듣고 혹시 각각
그 악한 길에서 돌아오리라 그리하면 내가 그들의 악행으로 말미암아 그들에게 재앙
을 내리려 하던 뜻을 돌이키리라 [4] 너는 그들에게 이와 같이 이르라 여호와의 말씀에
너희가 나를 순종하지 아니하며 내가 너희 앞에 둔 내 율법을 행하지 아니하며 [5] 내
가 너희에게 나의 종 선지자들을 꾸준히 보내 그들의 말을 순종하라고 하였으나 너희
는 순종하지 아니하였느니라 [6] 내가 이 성전을 실로 같이 되게 하고 이 성을 세계 모
든 민족의 저줏거리가 되게 하리라 하셨느니라 [7] 예레미야가 여호와의 성전에서 이 말
을 하매 제사장들과 선지자들과 모든 백성이 듣더라 [8] 예레미야가 여호와께서 명령하
신 말씀을 모든 백성에게 전하기를 마치매 제사장들과 선지자들과 모든 백성이 그를
붙잡고 이르되 네가 반드시 죽어야 하리라 [9] 어찌하여 네가 여호와의 이름을 의지하
고 예언하여 이르기를 이 성전이 실로 같이 되겠고 이 성이 황폐하여 주민이 없으리라
하느냐 하며 그 모든 백성이 여호와의 성전에서 예레미야를 향하여 모여드니라 [10] 유
다의 고관들이 이 말을 듣고 왕궁에서 여호와의 성전으로 올라가 여호와의 성전 새 대
문의 입구에 앉으매 [11] 제사장들과 선지자들이 고관들과 모든 백성에게 말하여 이르되
이 사람은 죽는 것이 합당하니 너희 귀로 들음 같이 이 성에 관하여 예언하였음이라
[12] 예레미야가 모든 고관과 백성에게 말하여 이르되 여호와께서 나를 보내사 너희가
들은 바 모든 말로 이 성전과 이 성을 향하여 예언하게 하셨느니라 [13] 그런즉 너희는
너희 길과 행위를 고치고 너희 하나님 여호와의 목소리를 청종하라 그리하면 여호와
께서 너희에게 선언하신 재앙에 대하여 뜻을 돌이키시리라 [14] 보라 나는 너희 손에 있
으니 너희 의견에 좋은 대로, 옳은 대로 하려니와 [15] 너희는 분명히 알아라 너희가 나
를 죽이면 반드시 무죄한 피를 너희 몸과 이 성과 이 성 주민에게 돌리는 것이니라 이
는 여호와께서 진실로 나를 보내사 이 모든 말을 너희 귀에 말하게 하셨음이라 [16] 고
관들과 모든 백성이 제사장들과 선지자들에게 이르되 이 사람이 우리 하나님 여호와
의 이름으로 우리에게 말하였으니 죽일 만한 이유가 없느니라 [17] 그러자 그 지방의 장
로 중 몇 사람이 일어나 백성의 온 회중에게 말하여 이르기를 [18] 유다의 왕 히스기야
시대에 모레셋 사람 미가가 유다의 모든 백성에게 예언하여 이르되

만군의 여호와께서 이와 같이 말씀하셨느니라
시온은 밭 같이 경작지가 될 것이며

예루살렘은 돌 무더기가 되며
이 성전의 산은 산당의 숲과 같이 되리라
하였으나 [19] 유다의 왕 히스기야와 모든 유다가 그를 죽였느냐 히스기야가 여호와를
두려워하여 여호와께 간구하매 여호와께서 그들에게 선언한 재앙에 대하여 뜻을 돌이
키지 아니하셨느냐 우리가 이같이 하면 우리의 생명을 스스로 심히 해롭게 하는 것이
니라 [20] 또 여호와의 이름으로 예언한 사람이 있었는데 곧 기럇여아림 스마야의 아들
우리야라 그가 예레미야의 모든 말과 같이 이 성과 이 땅에 경고하여 예언하매 [21] 여
호야김 왕과 그의 모든 용사와 모든 고관이 그의 말을 듣고서 왕이 그를 죽이려 하매
우리야가 그 말을 듣고 두려워 애굽으로 도망하여 간지라 [22] 여호야김 왕이 사람을 애
굽으로 보내되 곧 악볼의 아들 엘라단과 몇 사람을 함께 애굽으로 보냈더니 [23] 그들이
우리야를 애굽에서 연행하여 여호야김 왕에게로 그를 데려오매 왕이 칼로 그를 죽이
고 그의 시체를 평민의 묘지에 던지게 하니라 [24] 사반의 아들 아히감의 손이 예레미야
를 도와 주어 그를 백성의 손에 내어 주지 아니하여 죽이지 못하게 하니라

건너뛴 장 내용 요약

24장 무화과 두 바구니

25장 하나님의 분노

Ⅳ. 관찰문제의 바른 답

말씀 돋보기(관찰)

1 예레미야는 성전 설교에서 이스라엘이 하나님께 귀를 기울이는 일을 두 가지로 정리하는데 그것은 무엇인가?(26:4-5)

a) 율법대로 사는 것

b) 하나님이 보내신 선지자들의 메시지에 순종하는 것

예레미야가 선포한 핵심 메시지는 만일 이스라엘이 죄의 길에서 돌이켜 율법대로 살지 않으면, 또한 주님이 이때까지 보내신 참 선지자들의 메

시지를 듣지 않으면, 하나님이 예루살렘 성전을 옛적 예레미야의 조상이 었던 엘리 제사장 시대의 실로처럼 만드실 것이라는 경고이다(5-6절). 예레미야는 이스라엘이 하나님께 귀를 기울이는 일을 두 가지로 정리하고 있다. (1) 율법대로 사는 것; (2) 하나님이 보내신 선지자들의 메시지를 듣는 것(4-5절). 하나님이 선지자를 보내 다시 한 번 회개를 호소하시는 이유는 '그들이 듣고 혹시 각각 그 악한 길에서 돌아오지 않을까?' 해서이다(3절). 하나님은 아직도 주의 백성을 포기하지 않으셨다.

2 선지자의 메시지를 들은 사람들은 어떻게 반응했는가?(26:8)

선지자의 메시지를 들은 사람들은 분노해서 그를 붙잡았다.

예레미야의 메시지를 들은 사람들이 분노해 그를 붙잡았다. 선지자의 메시지가 큰 동요를 일으킨 것이다. 물론 제사장들과 선지자들이 앞장서서 예레미야를 체포했다. 그들은 예레미야가 하나님의 이름으로 외치는 메시지를 도저히 수용할 수 없었다(9절). 더욱이 그들은 예레미야가 여호와의 이름으로 여호와의 거처인 성전을 상대로 이런 메시지를 전한다는 것을 용납할 수 없었다. 선지자의 메시지에 대한 종교 지도자들과 백성의 반응은 다음과 같이 표현할 수 있다. '감히 너 같은 놈이 어찌 여호와의 거룩한 처소가 파괴될 것이라는 망언을 하고도 살아남기를 원하느냐? 너만 선지자냐? 우리도 선지자고 제사장이나. 여호와께서 우리에게 주신 신학, 믿음, 전통에 의하면 네가 하는 말은 당치도 않는 말이다.' 하나님께 범죄하고 있는 모든 주의 백성 중에 선지자와 제사장 등 종교적 지도자들이 가장 큰 죄를 짓고 있다.

3 예레미야의 죄목은 무엇이며, 예레미야의 변론은 무엇인가?(26:11-13)

죄목: 도성이 멸망한다고 예언함

변론: 하나님의 말씀을 전했을 뿐이며, 그들이 회개하지 않는다면 심판이 임할 것을 선언

유다의 방백들/관료들이 소식을 듣고 예레미야를 정식 재판에 회부했다(10절). 아직도 분노를 삭이지 못한 제사장들과 선지자들은 예레미야를 사형에 처해야 한다고 주장한다(11절). 신명기 18:20은 거짓 선지자는 죽이라고 명령하기 때문이다(11절). 죄목은 다름 아닌 '이 도성이 멸망한다고 예언했기 때문'이다(11절). 예레미야는 분개해 자신을 고발하는 선지자들과 제사장들에 아랑곳하지 않고 매우 차분하고 냉정한 자세를 취한다. 그는 하나님이 주신 말씀을 그대로 전했을 뿐이며, 만일 그들이 회개하지 않는다면 분명히 심판이 그들에게 임할 것을 다시 한 번 선언한다(12-13절). 그리고 덧붙여 말하기를 "나의 생명은 당신들의 손에 있습니다. 그러니 죽이려면 죽이십시오. 그러나 나를 죽인다고 해서 진실이 은폐될 수는 없으며, 당신들은 무고한 피를 흘린다는 것을 기억해야 할 것입니다." 라고 말한다(14-15절).

4 예레미야를 변론한 사람들의 두 가지 주장은 무엇인가?(26:17-23)

a) 히스기야 시대의 미가 선지자 사례

b) 여호야김 시대의 우리야는 죽음

첫번째, 어떤 장로/노인들이 히스기야 왕 시대 때(viz., 예레미야 시대로부터 약 100년 전) 활동했던 미가 선지자의 선례를 떠올렸다(17-19). 그때에도 미가가 예루살렘과 성전 파괴에 대하여 말씀을 선포한 적이 있었지만(cf. 미3:12), 히스기야는 그를 처형하기는 커녕 오히려 하나님 앞에 근신함으로써 그 진노를 돌이켰다는 사실을 강조했다.

두번째, 기랏여아림 스마야의 아들 우리야라는 선지자가 예레미야와 같은 내용의 메시지를 선포했다. 그는 분명 하나님이 그동안 수없이 보내셨던 참 선지자들 중 하나이다(5절; cf. 7:2-3, 12-15). 안타깝게도 악한 여호야김은 선한 히스기야가 아니었다. 여호야김 왕과 관료들은 우리야를 죽이기를 원했고, 소식을 들은 선지자는 이집트로 도망쳤다. 그러나 결국 관료들이 그를 이집트까지 추격해 잡아와서 처형했다.

5 예레미야를 죽이지 못하게 한 사람은 누구인가?(26:24)

아히감

저자는 예레미야가 위기를 모면하는데 결정적인 역할을 한 사람으로 사반의 아들 아히감을 언급한다. 비록 예레미야가 대다수 사람들의 지탄을 받고 있지만, 그래도 예레미야를 귀하게 여기는 사람이 있었던 것이다. 열왕기하 22:12에 의하면 아히감은 요시야 왕이 여선지자 훌다에게 하나님의 뜻을 구하기 위해 보낸 다섯 사람 중 하나였음을 기록하고 있다. 아히감은 유다와 요시야 왕에 대한 훌다의 메시지를 직접 들었다. 그는 또한 요시야와 함께 종교개혁을 단행하기 위해 노력했다. 그러므로 예루살렘 사람들 중 예레미야가 선포한 메시지의 진실성을 인정할 수 있는 사람이 남아 있다면 분명 아히감이다. 그는 또한 느부갓네살이 유다의 총독으로 임명했던 그달리야의 아버지였다(29:14; cf. 40:1-12; 왕하 25:22).

V. 적용과 나눔

삶의 내비게이션(적용)

1 관료들과 백성들은 선지자의 주장과 그가 죽을 죄를 짓지 않았다는 사실에 동의할 뿐 회개하지는 않았다. 우리도 성경의 가르침에 동의하지만 여호와가 하나님이고 예수님이 그분이 보내신 우리의 유일한 구세주라고 고백까지는 하지 않을 수 있다. 당신은 어떤 단계인가?

관찰문제 3번 참고. 예레미야의 변호를 듣고 있던 관료들과 백성들이 예레미야를 죽여야 한다고 주장하는 선지자들과 제사장들에게 반론을 시작했다. '이 사람에게는 사형 선고를 받아야 할 만한 죄가 없습니다. 그는 주 우리 하나님의 이름으로 우리에게 말씀을 전하였기 때문입니다'(16절; 새번역). 예레미야를 죽여야 할 더 확실한 증거가 없는 한 이들의 주장을 수용하지 않겠다는 의미이다. 예레미야의 재판의 분위기가 순식간에 바뀌고 있다. 그러나 이 관료들과 백성들이 예레미야의 메시지를 듣고 회개하고 하나님을 찾았다고 하는 말은 본문 어디에도 없다. 그들은 선지자의 주장과 그가 죽을죄를 짓지 않았다는 사실에 동의할 뿐 회개하지는 않은 것이다. 안타깝지만 오늘날에도 이런 사람들이 많다. 성경의 가르침은 동의하지만, 예수 그리스도를 구주로 영접하거나 신앙의 고백은 거부한다. 각자가 이런 종교인에 대해 알고 있는가 이야기를 나누어 본다. 그리고 언제 어떤 상황에서 회심했는가 말해보도록 한다. 진정한 회심의 기억이 없을 수도 있다. 각자 어떤 단계인가 이야기를 나누어 보고, 진정한 마음에서 우러나오는 신앙의 고백을 할 수 있는지 서로 이야기를 나누어 보도록 한다.

2 당신이 알기는 하나 실천하지 못하는 것은 어떤 것들이 있는가?

관찰문제 1번 참고. 이스라엘은 하나님의 율법대로 살아야 한다는 사실을 알고 있다. 예레미야의 경고는 자기 집안의 아픈 과거사를 회상하면서 메시지를 전하고 있다. 이스라엘은 선지자가 아니라 하나님의 말씀에 귀를 기울여야 하는 것이다. 그러나 이스라엘은 참 선지자에게 귀를 기울이기를 거부하고 거짓을 말하는 자들을 선지자로 알고 좋아한다. 이스라엘은 율법을 알기는 하나 실천하지 못하고 있는 것이다. 각자가 알기는 하나 실천하지 못하는 것은 무엇이 있는지 이야기를 나누어 보도록 한다.

3 당신은 장로들처럼 군중의 소리가 아무리 커도 무엇이 옳은가를 이야기할 수 있는 용기가 있는가?

관찰문제 4번 참고. 종교 지도자들은 하나님이 말씀하거나 약속하신 적이 없는 예루살렘은 절대 침략자들의 손에 무너지지 않는다는 시온 불가침설을 그대로 믿고 고수하고 있다. 그러나 성경의 그 어디를 보아도 하나님은 예루살렘이 영원히 망하지 않을 것이라는 말씀을 하신 적이 없다. 그럼에도 멸망을 예언하는 예레미야의 메시지를 수용하지 못하고 그를 죽이려고 한다. 그나마 용기있는 장로들의 도움으로 위험에서 벗어날 수 있었다. 각자가 모두가 아니라고 할 때 예라고 대답할 수 있는가 이야기를 나누어 본다. 학교나 직장에서의 따돌림에 동참하는가 아니면 거부하는가를 통해서도 각자의 성향을 알 수도 있다.

Ⅵ. 마무리

기도로 마무리한다.
제2주 관찰문제를 예습해 오도록 한다.
실천과제를 제시한다.

생활의 아로마(실천)

예 1) 진짜 용기를 내야 할 때 용기를 내도록 한다.
- 침묵할 때와 용기를 내야 할 때를 아는 것

2) 초심(첫사랑)의 열정과 사랑을 회복하도록 한다.

제2주 진실게임

예레미야 28:1-17

학습목표

하나님의 사람은 거짓과 진실을 구분할 수 있어야 한다는 사실을 알 수 있다.

KEYWORD **진실, 거짓 예언, 책임**

Ⅰ. 찬양과 기도

Ⅱ. 지난주 실천과제 나눔

Ⅲ. 복습문제 풀이

복습

1 예레미야는 성전 설교에서 이스라엘이 하나님께 귀를 기울이는 일을 두 가지로 정리하는데 그것은 무엇인가?(26:4-5)

a) 율법대로 사는 것

b) 하나님이 보내신 선지자들의 메시지에 순종하는 것

Ⅳ. 말씀 예레미야 28:1-17을 다 함께 읽는다

28:1 그 해 곧 유다 왕 시드기야가 다스리기 시작한 지 사 년 다섯째 달 기브온앗술의
아들 선지자 하나냐가 여호와의 성전에서 제사장들과 모든 백성이 보는 앞에서 내게
말하여 이르되 2 만군의 여호와 이스라엘의 하나님이 이같이 일러 말씀하시기를 내가
바벨론의 왕의 멍에를 꺾었느니라 3 내가 바벨론의 왕 느부갓네살이 이 곳에서 빼앗
아 바벨론으로 옮겨 간 여호와의 성전 모든 기구를 이 년 안에 다시 이 곳으로 되돌려
오리라 4 내가 또 유다의 왕 여호야김의 아들 여고니야와 바벨론으로 간 유다 모든 포
로를 다시 이 곳으로 돌아오게 하리니 이는 내가 바벨론의 왕의 멍에를 꺾을 것임이
라 여호와의 말씀이니라 하시니라 5 선지자 예레미야가 여호와의 성전에 서 있는 제
사장들과 모든 백성들이 보는 앞에서 선지자 하나냐에게 말하니라 6 선지자 예레미야
가 말하니라 아멘, 여호와는 이같이 하옵소서 여호와께서 네가 예언한 말대로 이루사
여호와의 성전 기구와 모든 포로를 바벨론에서 이 곳으로 되돌려 오시기를 원하노라 7
그러나 너는 내가 네 귀와 모든 백성의 귀에 이르는 이 말을 잘 들으라 8 나와 너 이전
의 선지자들이 예로부터 많은 땅들과 큰 나라들에 대하여 전쟁과 재앙과 전염병을 예
언하였느니라 9 평화를 예언하는 선지자는 그 예언자의 말이 응한 후에야 그가 진실
로 여호와께서 보내신 선지자로 인정 받게 되리라 10 선지자 하나냐가 선지자 예레미
야의 목에서 멍에를 빼앗아 꺾고 11 모든 백성 앞에서 하나냐가 말하여 이르되 여호와
께서 이와 같이 말씀하시니라 내가 이 년 안에 모든 민족의 목에서 바벨론의 왕 느부
갓네살의 멍에를 이와 같이 꺾어 버리리라 하셨느니라 하매 선지자 예레미야가 자기
의 길을 가니라 12 선지자 하나냐가 선지자 예레미야의 목에서 멍에를 꺾어 버린 후에
여호와의 말씀이 예레미야에게 임하니라 이르시기를 13 너는 가서 하나냐에게 말하여
이르기를 여호와의 말씀에 네가 나무 멍에들을 꺾었으나 그 대신 쇠 멍에들을 만들었
느니라 14 만군의 여호와 이스라엘의 하나님께서 이와 같이 말씀하시니라 내가 쇠 멍
에로 이 모든 나라의 목에 메워 바벨론의 왕 느부갓네살을 섬기게 하였으니 그들이 그
를 섬기리라 내가 들짐승도 그에게 주었느니라 하라 15 선지자 예레미야가 선지자 하
나냐에게 이르되 하나냐여 들으라 여호와께서 너를 보내지 아니하셨거늘 네가 이 백
성에게 거짓을 믿게 하는도다 16 그러므로 여호와께서 이와 같이 말씀하시되 내가 너
를 지면에서 제하리니 네가 여호와께 패역한 말을 하였음이라 네가 금년에 죽으리라
하셨느니라 하더니 17 선지자 하나냐가 그 해 일곱째 달에 죽었더라

건너뛴 장 내용 요약

27장 여호와의 멍에

V. 관찰문제의 바른 답

말씀 돋보기(관찰)

1 하나냐가 예언한 것은 무엇인가?(28:2-4)

2년 안에 바빌론의 모든 간섭이 끝나며, 바빌론으로 끌려 갔던 모든 사람들과 성전의 모든 도구들이 돌아올 것이다.

하나냐라는 선지자가 제사장들이 모여 있는 성전에서 예레미야의 주장과 상반되는 예언을 했다. 하나냐는 참 선지자들처럼 여호와의 이름을 빙자해 예언했다. '만군의 여호와 이스라엘의 하나님이 이같이 일러 말씀하시기를…'(2절). 하나님의 말씀이 그에게 임하지도 않았는데 그는 여호와께로 부터 예언을 받은 것처럼 행세하고 있다. 그는 2년 안에 바빌론의 모든 간섭이 끝나며, 바빌론으로 끌려갔던 여고니야(여호야긴)와 사람들과 모든 성전 도구들이 다시 돌아올 것이라고 예언했다(3절). 하나냐는 주전 597년에 여호야긴 일행이 바빌론으로 끌려간 일로 그동안 이스라엘이 하나님께 범죄한 모든 대가를 적절하게 치렀다고 생각했기 때문에 이런 말을 할 수 있었다.

2 예레미야에 의하면 하나냐의 예언이 지닌 두 가지 문제는 무엇인가?(28:8-9)

a) 선지자들을 통해 선포된 하나님의 말씀에 역행한다.

b) 예언의 성취는 시간이 지나 예언한 말이 성취된 뒤에 확인할 수 있다.

하나냐의 예언에는 두 가지 문제가 있다.

첫째, 하나냐의 이러한 발언은 그동안 모든 선지자들을 통해 선포된 하나님의 말씀을 역행한다. 그러므로 예레미야는 하나냐와 백성들에게 '선지자들이 예로부터 많은 땅들과 나라들에 대하여 전쟁과 재앙과 전염병을 예언하였느니라'는 사실을 상기시킨다(8절). 만일 하나냐가 진실을 말하고 있다면, 이때까지 이스라엘의 파멸을 선언했던 모든 선지자들은 거짓을 말한 게 된다.

둘째, 오직 시간만이 하나냐가 참 선지자인지 입증할 수 있다. '평화를 예언하는 예언자는 그가 예언한 말이 성취된 뒤에야 비로소 사람들이 그를 주께서 보내신 참 예언자로 인정하게 될 것이오'(9절; 새번역). 예레미야는 선지자가 거짓인지 참인지는 그의 예언이 성취되는지 안 되는지로 판단해야 한다며 선지자의 능력은 말에 있는 것이 아니라, 그 말의 성취(실현)에 있음을 강조한다.

3 하나냐는 어떤 행동으로 자신의 예언을 확증했는가?(28:10-11)

예레미야 선지자가 목에 메고 있던 멍에를 빼앗아 꺾었다.

하나냐는 자신의 메시지에 매우 드라마틱한 행동을 더했다. 예레미야 선지자가 목에 메고 있던 멍에를 빼앗아 꺾으면서 2년 내에 이처럼 유다가 지고 있는 바빌론의 멍에가 부서져 나갈 것이라고 말한다(11절). 그는 이스라엘이 이미 죗값을 모두 치렀기 때문에 더 이상 고통을 당할 이유가 없다고 확신한다.

4 하나냐의 예언 후에 하나님의 말씀이 언제 예레미야에게 임했는가?(28:12)

얼마 동안의 시간이 흐른 후

예레미야는 얼마 동안의 시간이 흐른 후에 비로소 하나님의 말씀을 받을 수 있었다. 참 선지자인데도 말이다. 많은 사람들이 구약의 선지자들에 대해 착각한다. 그들은 하나님의 대변인들인 선지자들은 하루 24시간 하나님께 직통 계시를 받는다고 생각한다. 그러나 실상은 그렇지 않다. 구약의 선지자들은 경우에 따라 예레미야처럼 며칠, 심지어 몇 달을 기도

해야 겨우 하나님의 말씀을 받을 수 있었다. 나단 선지자는 다윗이 성전을 짓겠다고 했을 때 하나님의 복을 빌어주었다가 하나님께 다윗이 성전을 짓지 못하게 하라는 말씀을 듣고 다시 돌아와 자신이 했던 말을 번복해야 했다. 그 역시 하나님의 '직통 계시'와는 거리가 먼 선지자였다.

5 거짓 예언을 전한 하나냐의 결말은 무엇인가?(28:15-17)
하나님의 심판을 받아 두 달 만에 죽었다.

사람들에게 허황된 희망을 갖게 한 하나냐의 책임은 결코 면할 수 없다. 그가 거짓 예언을 했던 그해 안에 그는 죽임을 당했다(16절). 예레미야는 하나냐가 성전에서 만난 지 두 달 만에 죽었다고 기록하고 있다(17절; cf. 1절). 하나냐는 2년 안에 바빌론이 망할 것이라고 했다. 분노한 하나님은 그가 예언한 2년을 살지 못하도록 두 달 만에 그를 죽이셨다. 거짓 선지자들을 죽이라는 신명기 13:8 말씀이 실현되었다. 차이점이라면 본문에서는 하나님이 직접 심판하시므로 거짓 선지자를 죽이셨고, 신명기는 주의 백성에게 거짓 선지자를 처형하라고 명령하셨다는 점이다.

VI. 적용과 나눔

삶의 내비게이션(적용)

1 하나냐는 하나님을 빙자하여 예언을 했다. 당신의 주변 사람들 중 하나님의 이름으로 거짓 예언을 하거나 아무 의미가 없는 말을 예언이라고 남발하는 사람들이 있는가?
관찰문제 1번 참고. 하나냐 선지자라는 사람이 하나님이 말씀하지 않은 내용을 하나님께로 부터 받았다고 선포하는 것이 황당하다고 생각할 수 있다. 그러나 우리 주변에도 하나님을 운운하면서 거짓을 선포하는 사람들을 만날 수 있다. 각자가 알고 있는 하나님의 이름으로 예언을 하는 사람은 누가 있는가 이야기를 나누어 보도록 한다. 아무 의미 없는 말을 예언이라고 남발하는 경우도 많다. 각자의 경험을 이야기 나누어 보도록 한다. 식사 메뉴를 예언하거나, 만나기로 한 사람의 옷 색깔을 예언하는 등은 모두 의미 없는 예언에 속한다.

2 예레미야는 참 예언을 구분하는 방법에 대해 두 가지를 말하고 있다. 당신은 진실과 거짓을 어떻게 구분하는가?

관찰문제 2번 참고. 예레미야가 예언을 구분하는 방법은 두 가지이다. 대부분의 선지자들은 재앙과 심판을 선포했고, 예언은 성취된 다음에야 그가 참 예언을 했다는 사실을 알 수 있다. 하나냐와 예레미야가 갈등하던 때 사람들은 이 둘 중 누가 참 선지자인지 혼란스러웠을 수도 있다. 그러나 이 책을 읽는 우리는 누가 참 선지자이고 누가 거짓 선지자였는지 정확히 안다. 예레미야의 말씀은 이스라엘 역사에 현실로 드러났고, 하나냐의 말은 성취되지 않았기 때문이다. 각자가 진실과 거짓을 어떻게 구분하는가 이야기를 나누어 보도록 한다.

3 우리가 바라는 것과 진실은 항상 동일하지 않다. 당신이 바라는 것과 진실이 일치하지 않을 때 무엇을 선택하는가?

관찰문제 5번 참고. 거짓 선지자의 죽음은 그의 메시지의 최후이기도 했다. 그가 예언이랍시고 떠들어댄 말은 모두 거짓으로 드러났다. 예레미야가 예언한 대로 하나냐가 두 달 만에 죽자 사람들은 예레미야가 참 선지자라는 사실을 알게 되었을 것이다. 그럼에도 불구하고 그들은 선지자의 말을 들으려 하지 않는다. 이스라엘이 원하는 것은 하나냐가 예언한 것과 같은 2년안에 바빌론의 간섭이 끝나는 것이기 때문이다. 그러나 이스라엘의 현실은 70년의 포로 생활이 기다리고 있다. 하나님 자녀의 능력은 '말'에 있는 것이 아니라 '성취'에 있다. 각자가 바라는 것과 진실이 일치하지 않을 때 어떤 선택을 하는가 이야기를 나누어 보도록 한다. 어떤 선택이 옳다고 생각하는지에 대해서도 말해 보도록 한다.

Ⅶ. 마무리

기도로 마무리한다.
제3주 관찰문제를 예습해 오도록 한다.

실천과제를 제시한다.

 생활의 아로마(실천)

예 1) 우리가 쉽게 하는 말이 진실인지, 희망사항인지 점검해 보도록 한다.

2) 진실의 능력은 말에 있는 것이 아니라 시간이 지나고 성취된다는 사실을 알고 기다린다.

제3주 감춰진 축복

예레미야 29:1-14

학습목표

지금의 고난이 미래의 평안을 향한 하나님의 계획이라는 사실을 알 수 있다.

KEYWORD **편지, 타향살이, 평안**

Ⅰ. 찬양과 기도

Ⅱ. 지난주 실천과제 나눔

Ⅲ. 복습문제 풀이

복습

1 예레미야가 지적하는 하나냐 예언의 두 가지 문제는 무엇인가? (28:8-9)

a) 선지자들을 통해 선포된 하나님의 말씀을 역행한다.

b) 예언의 성취는 시간이 지나 예언한 말이 성취된 뒤에 확인할 수 있다.

Ⅳ. 말씀 예레미야 29:1-14을 다 함께 읽는다

29:1 선지자 예레미야가 예루살렘에서 이같은 편지를 느부갓네살이 예루살렘에서 바벨
론으로 끌고 간 포로 중 남아 있는 장로들과 제사장들과 선지자들과 모든 백성에게 보
냈는데 2 그 때는 여고니야 왕과 왕후와 궁중 내시들과 유다와 예루살렘의 고관들과
기능공과 토공들이 예루살렘에서 떠난 후라 3 유다의 왕 시드기야가 바벨론으로 보내
어 바벨론의 왕 느부갓네살에게로 가게 한 사반의 아들 엘라사와 힐기야의 아들 그마
랴 편으로 말하되 4 만군의 여호와 이스라엘의 하나님께서 예루살렘에서 바벨론으로
사로잡혀 가게 한 모든 포로에게 이와 같이 말씀하시니라 5 너희는 집을 짓고 거기에
살며 텃밭을 만들고 그 열매를 먹으라 6 아내를 맞이하여 자녀를 낳으며 너희 아들이
아내를 맞이하며 너희 딸이 남편을 맞아 그들로 자녀를 낳게 하여 너희가 거기에서 번
성하고 줄어들지 아니하게 하라 7 너희는 내가 사로잡혀 가게 한 그 성읍의 평안을 구
하고 그를 위하여 여호와께 기도하라 이는 그 성읍이 평안함으로 너희도 평안할 것임
이라 8 만군의 여호와 이스라엘의 하나님께서 이와 같이 말하노라 너희 중에 있는 선
지자들에게와 점쟁이에게 미혹되지 말며 너희가 꾼 꿈도 곧이 듣고 믿지 말라 9 내가
그들을 보내지 아니하였어도 그들이 내 이름으로 거짓을 예언함이라 여호와의 말씀이
니라 10 여호와께서 이와 같이 말씀하시니라 바벨론에서 칠십 년이 차면 내가 너희를
돌보고 나의 선한 말을 너희에게 성취하여 너희를 이 곳으로 돌아오게 하리라 11 여호
와의 말씀이니라 너희를 향한 나의 생각을 내가 아나니 평안이요 재앙이 아니니라 너
희에게 미래와 희망을 주는 것이니라 12 너희가 내게 부르짖으며 내게 와서 기도하면
내가 너희들의 기도를 들을 것이요 13 너희가 온 마음으로 나를 구하면 나를 찾을 것
이요 나를 만나리라 14 이것은 여호와의 말씀이니라 나는 너희들을 만날 것이며 너희
를 포로된 중에서 다시 돌아오게 하되 내가 쫓아 보내었던 나라들과 모든 곳에서 모아
사로잡혀 떠났던 그 곳으로 돌아오게 하리라 이것은 여호와의 말씀이니라

V. 관찰문제의 바른 답

말씀 돋보기(관찰)

1 예레미야가 바빌론으로 보낸 편지의 수신자는 누구인가?(29:1–2)

바빌론 포로로 끌려간 유대인들

바빌론 왕 느부갓네살이 주전 597년에 유다 사람들(52:28은 3,023명으로 밝히고 있음)을 포로로 끌고 가고 얼마 후에 이 편지가 보내졌다. 느부갓네살이 끌고 간 사람들은 1–2절에서 장로들과 제사장들과 선지자들과 백성들로 밝히고 있다. 이들 중에는 '여고니야 왕과 국모와 환관들과 및 유다와 예루살렘 방백들과 목공들과 철공들'이 끼여 있었다. 이러한 회고는 당시 바빌론의 외교정책을 잘 반영하고 있다. 바빌론 사람들은 정복한 나라에서 아무나 끌고 가지 않고 자기 나라의 경제, 교육, 문화에 기여할 수 있는 사람들을 선별해 데리고 갔다. 여고니야는 여호야긴의 다른 이름이며 그와 함께 끌려간 왕후는 그의 어머니 느후수다였다(왕하 24:8)

2 예레미야가 편지를 통해 바빌론에 있는 유다 사람들에게 당부한 세 가지는 무엇인가?(29:5–7)

a) 바빌론을 생활의 터전으로 삼으라(5절).

b) 바빌론에서 번성하라(6절).

c) 바빌론의 평안을 위해 기도하라(7절).

하나님은 예레미야를 통해 유다 사람들에게 다음 세 가지를 당부하신다.

첫째, 바빌론을 생활의 터전으로 삼으라(5절). 머지않아 본국으로 돌아갈 것을 학수고대하고 살아가는 포로민들에게 하나님은 바빌론에 집을 짓고 정착하여 과수원도 만들고 그 열매도 따먹으라고 하신다. 바빌론의 생활이 오래 지속될 것이니 그곳에 뿌리를 내리고 살아가라는 것이다.

둘째, 바빌론에서 번성하라(6절). 하나님은 바빌론으로 끌려온 유다 사람들에게 결혼해 자녀들을 낳고, 그 자녀들이 성장하면 결혼을 시켜 번성하라고 하신다. 결혼식 소리가 들리지 않는 유다와는 대조적이다(cf. 25:10). 하나님의 권면은 창세기 1:27의 '생육하고 번성하라'라는 말씀을 연상시킨다. 이 말씀은 이들이 본국에서 하던 일, 즉 결혼하고 자식을 양육하는 일을 바빌론에서도 포기하지 말라는 뜻으로 미래에 대한 기대도 갖게 한다.

셋째, 바빌론의 평안을 위해 기도하라(7절). 예레미야는 바빌론의 평안을 빌라며 '평안'을 세 차례나 사용하고 있다. 꼭 그렇게 해야 한다는 것이다. 하나님은 유다 포로민들에게 매우 어려운 것을 요구하신다. 그들의 '원수'인 바빌론의 안녕을 위해 기도하라는 권고다. 앞으로 이 백성은 상당히 오랫동안 바빌론에서 살아야 하는데 바빌론의 안녕은 곧 이들의 안녕이며, 바빌론의 번성은 곧 이들의 번성이 된다. 그러므로 그들이 속한 나라를 위해 기도하는 것은 당연한 일이다.

3 바빌론에 있는 유다 사람들에게 주시는 경고는 무엇인가?(29:8–9)

거짓 선지자들에게 현혹되지 않도록 조심하라.

하나님은 바빌론에 거하는 백성들에게 거짓 선지자들에게 현혹되지 않도록 조심하라고 경고하신다. 비록 그들이 여호와의 이름으로 예언하고 환상을 말하지만, 모두 거짓이니 귀담아 듣지 말라는 것이다. 그것은 예루살렘뿐만 아니라 바빌론에서도 이들이 사람들을 현혹하고 있었음을 암시한다. 거짓 선지자들 중 일부는 이미 새로운 정착지인 바빌론에서 '바빌론화' 되어 점쟁이가 되었다(8절). 주관적인 견해일 수 있는 꿈을 믿는 것도 금하시고 있다. '점쟁이'는 여호와 종교와 연관될 수 있는 개념이 아니다. 하나님은 아예 그들을 보내신 적이 없다고 선언하신다(9절). 그들은 하나님의 이름으로 예언하지만, 그들이 하는 말은 모두 '거짓'이다(9절).

4 바빌론에 있는 유다 사람들이 돌아오는 기한은 언제인가?(29:10)

70년

하나님이 이스라엘의 포로민들을 다시 가나안 땅으로 인도하시기 전에 바빌론의 '70년'이 차야 한다(10절). '차다'라는 동사는 예레미야가 처음으로 70년을 언급했던 25:12에서도 사용되었다(cf. 단 9:2). 하나님이 정하신 70년이 다 차면 하나님은 비로소 '선한 말/계획'을 이루실 것이다. 모든 일에는 순서와 때가 있는데, 거짓 선지자들은 이 사실을 무시했다. 하나님은 선한 일을 하시기 위해 이들을 바빌론으로 추방하셨다. '하나님의 부르심을 입은 자들에게는 모든 것이 합력하여 선을 이룬다'(롬 8:28)는 말씀이 실현될 것을 약속하시는 순간이다.

5 포로민들을 향한 하나님의 계획은 무엇인가?(29:11–14)

재앙이 아니라 번영으로, 미래에 대한 희망을 주는 것

비록 이스라엘은 하나님이 자신들에게 나쁜 것을 주셨다고 원망하고 있지만, 여호와께서는 오래전부터 그들을 향한 좋은 계획을 가지고 계셨다. '내가 너희를 두고 계획하고 있는 일들은 재앙이 아니라 번영으로서, 너희에게 미래에 대한 희망을 주는 것이다'(11절). 미래와 희망은 매우 긍정적인 의미를 지닌 한 쌍의 단어다. 포로민들이 미래에 대해 낙관적인 관점을 지닐 수 있는 이유는 여호와께서 그들에게 직접 미래와 희망을 약속하셨기 때문이다. 밝은 미래를 약속하신 하나님은 우리가 바른 자세로만 임하면 주님을 찾을 수 있다고 말씀하신다(12–13절). '너희가 내게 부르짖으면, 내게 와서 기도하면 내가 너희들의 기도를 들을 것이요 너희가 온 마음으로 나를 구하면 나를 찾을 것이요 나를 만나리라.' 이 말씀은 성도들의 삶의 지침이라 할 수 있다. '부르짖으라…오라…기도하라…온 마음으로 찾으라.' 하나님을 찾으면, 하나님은 그들의 모든 불행을 원점으로 돌려 놓으실 것이다. '나는 너희들을 만날 것이며 너희를 포로된 중에서 다시 돌아오게 하되 내가 쫓아 보냈던 나라들과 모든 곳에서 모아 사로잡혀 떠났던 그곳으로 돌아오게 하리라'(14절).

삶의 내비게이션(적용)

1 이스라엘은 하나님이 자신들에게 나쁜 것을 주셨다고 원망하지만, 여호와께서는 오래전부터 그들을 향한 좋은 계획을 가지고 계셨다. 당신이 과거에 원망했지만 지금 생각해 보니 좋은 일이었던 것은 무엇이 있었는가?

관찰문제 5번 참고. 하나님은 이스라엘에게 희망을 약속하지만, 패배와 좌절감에 젖어 있는 포로민들이 하나님의 말씀을 그대로 받아들이기는 어려울 것이다. 그러나 그들의 좌절이 결코 이 사실을 바꿀 수는 없다. 비록 이 순간에는 분노에 불타오르는 하나님이시지만, 그분의 분노 뒤에는 그 누구보다도 자기 백성을 사랑하시는 마음이 숨겨져 있다. 그러므로 전에는 재앙을 내리셨지만, 그 때가 되면 그들에게 평안을 내리실 것이다(11절). 주의 자녀는 하나님의 심판을 받는 중에도 좌절할 필요가 없다. 주님의 심판은 우리를 단련하는 용광로이며, 연단이 끝나면 우리는 정금같이 빛나게 될 것이기 때문이다. 각자가 과거에는 원망했지만, 지금 생각해 보니 좋은 일은 무엇이 있었는가 이야기를 나누어 보도록 한다.

2 하나님은 바빌론의 유다 공동체를 향해 거짓 선지자들에게 현혹되지 말라고 경고하신다. 당신은 어떤 유혹에 가장 약한가?

관찰문제 3번 참고. 하나님은 바빌론에 있는 유다 공동체에게 여호와의 이름으로 예언하고, 환상을 말하는 거짓 선지자들을 조심할 것을 말한다. 그들의 말은 모두 거짓이니 귀담아듣지 말라고 경고한다. 그러나 거짓 선지자들의 말은 달콤하고 미혹되기가 쉽다. 오늘을 사는 우리도 달콤한 유혹에 빠지기 쉽다. 각자가 어떤 유혹에 가장 약한가 이야기를 나누어 보도록 한다.

예를 들면, 전원생활, 여가생활(낚시, 골프)의 유혹, 건강식품이나 다이어트 식품의 유혹, 자녀관련상품(지능, 키, 영어학습 등)의 유혹 등

3 현재는 앞이 안보이고 불확실해도 계속 추진해야 하는 일은 무엇이

있는가?

관찰문제 2번 참고. 바빌론 포로 생활을 하는 사람들에게 70년의 세월은 앞날이 보이지 않는 미래였다. 빨리 이스라엘로 돌아가겠다는 마음만이 그들을 지탱하고 있었을 것이다. 그런 그들을 향해 그곳에서 생활 터전을 삼고, 자녀를 낳아 번성하며, 원수인 바빌론의 평안을 위해 기도하라는 말씀은 너무도 받아들이기 어려운 현실이었다. 그러나 바빌론의 유다 공동체는 현실을 이겨내야 한다. 바빌론의 유다 공동체를 향한 권면은 현실에는 이렇게 표현할 수 있다. 첫째, 현재 어려움도 수확할 것이 있다. 두번째, 현재에도 앞으로의 미래를 위한 준비를 해야 한다. 세번째 날 힘들게 하는 고난(사람)도 내가 중보 할 수 있다. 각자가 앞이 보이지 않아도 계속 진행해야 하는 일은 무엇인가 이야기를 나누어 보도록 한다. 예를 들면 진학을 위한 공부, 취업을 위한 준비, 배우자는 없지만 결혼을 위한 준비 등, 특별히 아무리 힘들어도 구원을 위한 믿음은 계속 진행해야 한다.

Ⅶ. 마무리

기도로 마무리한다.
제4주 관찰문제를 예습해 오도록 한다.
실천과제를 제시한다.

생활의 아로마(실천)

예 1) 쉽게 현혹되지 않기
2) 현실은 힘들어도 하나님에 대한 원망을 미래를 위한 준비단계로 바꾸도록 한다.

제4주 새 언약, 새 시대

예레미야 31:31-40

학습목표

새 언약은 하나님의 백성들을 회복시킨다는 사실을 알 수 있다.

KEYWORD **새 언약, 창조주, 회복**

Ⅰ. 찬양과 기도

Ⅱ. 지난주 실천과제 나눔

Ⅲ. 복습문제 풀이

복습

1 예레미야가 편지를 통해 바빌론에 있는 유다 사람들에게 당부한 세 가지는 무엇인가?(29:5-7)

a) 바빌론을 생활의 터전으로 삼으라(5절).

b) 바빌론에서 번성하라(6절).

c) 바빌론의 평안을 위해 기도하라(7절).

Ⅳ. 말씀 예레미야 31:31-40을 다 함께 읽는다

31:31 여호와의 말씀이니라 보라 날이 이르리니 내가 이스라엘 집과 유다 집에 새 언약
을 맺으리라 32 이 언약은 내가 그들의 조상들의 손을 잡고 애굽 땅에서 인도하여 내
던 날에 맺은 것과 같지 아니할 것은 내가 그들의 남편이 되었어도 그들이 내 언약을
깨뜨렸음이라 여호와의 말씀이니라 33 그러나 그 날 후에 내가 이스라엘 집과 맺을 언
약은 이러하니 곧 내가 나의 법을 그들의 속에 두며 그들의 마음에 기록하여 나는 그
들의 하나님이 되고 그들은 내 백성이 될 것이라 여호와의 말씀이니라 34 그들이 다시
는 각기 이웃과 형제를 가리켜 이르기를 너는 여호와를 알라 하지 아니하리니 이는 작
은 자로부터 큰 자까지 다 나를 알기 때문이라

내가 그들의 악행을 사하고
다시는 그 죄를 기억하지 아니하리라
여호와의 말씀이니라
35 여호와께서 이와 같이 말씀하셨느니라
그는 해를 낮의 빛으로 주셨고
달과 별들을 밤의 빛으로 정하였고
바다를 뒤흔들어 그 파도로 소리치게 하나니
그의 이름은 만군의 여호와니라
36 이 법도가 내 앞에서 폐할진대
이스라엘 자손도 내 앞에서 끊어져 영원히 나라가 되지 못하리라
여호와의 말씀이니라
37 여호와께서 이와 같이 말씀하시니라
위에 있는 하늘을 측량할 수 있으며
밑에 있는 땅의 기초를 탐지할 수 있다면
내가 이스라엘 자손이 행한 모든 일로 말미암아
그들을 다 버리리라
여호와의 말씀이니라

38 보라, 날이 이르리니 이 성은 하나넬 망대로부터 모퉁이에 이르기까지 여호와를 위
하여 건축될 것이라 여호와의 말씀이니라 39 측량줄이 곧게 가렙 언덕 밑에 이르고 고
아로 돌아 40 시체와 재의 모든 골짜기와 기드론 시내에 이르는 모든 고지 곧 동쪽 마

문의 모퉁이에 이르기까지 여호와의 거룩한 곳이니라 영원히 다시는 뽑거나 전복하지 못할 것이니라

건너뛴 장 내용 요약
30장 회복 약속

V. 관찰문제의 바른 답

말씀 돋보기(관찰)

1 하나님께서 이스라엘과 새 언약을 맺는 이유는 무엇인가?(31:32)
이스라엘이 남편된 하나님과의 언약을 깨뜨렸기 때문에

구약에서 '새 언약'이라는 표현을 사용하는 말씀은 본문이 유일하다. 여호와께서 옛날 시내 산에서 이스라엘과 맺은 언약과는 다른 새로운 언약을 맺을 것을 선언하신다. 그 이유는 이스라엘이 남편된 하나님과의 언약을 깨뜨렸기 때문이다. 선지자는 이 새 언약은 주의 백성을 하나되게 할 것이며, 항상 여호와를 경외하는 마음을 줄 것이라고 한다(32:38–40). 신명기는 주의 백성이 육체적인 할례보다 마음의 할례를 받아야 하며(신 10:16), 때가 되면 여호와께서 그들에게 마음의 할례를 행함으로 그들이 여호와를 온 마음과 정성을 다해 사랑하게 할 것이라고 예고한다. 예레미야는 곧 그때가 임할 것이라며 이 새 언약을 노래한다. 예레미야의 '새 언약'과 동일한 의미와 맥락에서 에스겔은 '새 마음과 새 영'의 시대를 말하고(겔11:19–20; 18:31; 36:26), 이사야는 '새 일'에 대해 예언한다(42:9; 43:19; 48:6). 특히 에스겔은 그날이 되면 하나님이 돌과 같이 굳은 마음을 제거하고 살과 같이 부드러운 마음을 주실 것이라고 말한다. 새 언약이 돌이 아니라, 마음에 새겨질 것이라고 말하는 예레미야의 예언과 일맥상통한다.

2 새 언약과 옛 언약의 차이점은 무엇인가?(31:32–33)

a) 아무런 전제 조건이 없다.

b) 백성들이 거부하지 않을 것이다.

새 언약에 사용되는 언어는 옛 언약에 사용된 것과 비슷하다. '나는 그들의 하나님이 되고, 그들은 내 백성에 될 것이라'(33절; cf. 레26:12; 출29:45). 핵심은 옛 언약이나 새 언약이나 별반 다르지 않다. 그러나 이 새 언약은 옛 언약이 하지 못했던 일을 한다. 새 언약은 새 언약 공동체에 속한 지체들을 완전히 변화시킬 것이다. 새 언약의 특징은 아무런 전제 조건없이 하나님이 일방적으로 그의 백성을 용서하고 그들과 관계를 맺으신다는 것이다. 또한 새 언약과 옛 언약의 차이점은 백성이 어떻게 받아들이느냐, 하는 점이다. 옛 언약은 폐할 때까지 백성에게 거부당했다. 새 언약은 전혀 거부당하지 않을 것이다. 율법이 그들의 마음에 새겨질 것이기 때문이다. 즉 율법이 더 이상 외형적인 것을 주관하고 제한하지 않고, 인간의 내적인 인격에 자연스럽게 영향을 미치게 될 것이다.

3 새 언약이 세워질 때 나타나는 현상 네 가지는 무엇인가?(31:34)

a) 하나님을 알게 될 것이다.

b) 여호와에 대한 확실하고 완벽한 지식을 갖게 될 것이다.

c) 여호와를 아는 지식이 그들의 삶을 주관할 것이다.

d) 하나님의 용서를 체험할 것이다.

첫째, 공동체에 속한 모든 사람이 하나님을 알게 될 것이다. '작은 자로부터 큰 자까지 다 나를 알기 때문이라'(34절). 포로로 끌려가기 전에 유다 사람들은 가장 작은 자에서 큰 자에 이르기까지 모두 각자의 이익만을 추구했다(6:13; 8:10). 새 언약을 통해 이기적인 사람들에게 변화가 온다. 그들은 먼저 하나님을 알고, 하나님을 아는 지식으로 이웃을 알게 될 것이다.

둘째, 여호와에 대한 확실하고 완벽한 지식을 갖게 될 것이다. 더 이상 서로에게 '여호와를 알자' 라고 종용할 필요가 없다. 모두 여호와를 아는 지식으로 충만해질 것이기 때문이다.

셋째, 여호와를 아는 지식이 그들의 삶을 주관한다. 이 지식은 더 이상 외형적이거나 예식적인 것에 치중하지 않고 내면적인 것을 다루어 주기 때문이다. 하나님을 아는 지식이 그들의 심장에 새겨져 더 이상 외식하는 자들은 없고 여호와의 기준으로 살아가는 사람들이 많아질 것이다.

넷째, 새 언약의 공동체는 하나님의 용서가 어떤 것인가를 체험할 것이다. 새 공동체와의 새 언약이 가능한 것은 하나님이 그들을 용서하시기 때문이다. 새 언약, 새 공동체, 새 정체성, 새 지식 등 모든 것이 하나님의 용서가 먼저 주의 백성에게 조건 없이 임했기 때문에 가능한 것이다.

4 하나님은 어떤 분이시기에 창조한 세상을 지키겠다고 하시는가? (31:35-37)

a) 창조주 하나님

b) 위대한 하나님

선지자는 하나님의 의지를 두 가지로 표현한다.

첫째, 하나님은 세상을 창조하고 그 창조 세계가 원활하게 운행되도록 질서와 이치를 확립하셨다. 따라서 세상을 지배하는 질서와 이치가 무너지지 않는 한 이스라엘은 존재할 것이다(35-36절).

둘째, 하나님은 천지를 창조할 때 그 누구도 헤아릴 수 없도록 크고 놀랍게 만드셨다. 만일 [사람들이] 이 방대하고 놀라운 우주를 다 헤아릴 수 있다면 그때에 하나님은 이스라엘을 버리실 것이다(37절).

하나님은 이스라엘에게 밝은 미래를 약속하시지만, 듣는 자들에게는 별로 실감이 나지 않았을 것이다. 그래서 여호와께서는 이스라엘을 향한 의지를 재차 확인해 주신다. 창조주의 명예와 통치자의 명예를 걸고 이 세상이 사라지지 않는 한 하나님이 선언한 새 언약은 꼭 성취될 것이며, 주의 백성은 결코 이 땅에서 사라지지 않을 것을 보장하신다. 세상 끝나는 날까지 하나님이 결코 이 백성을 버리시지 않겠다는 선언이다.

5 하나님이 예루살렘 재건을 약속하시면서 언급하는 곳은 어디이며,

어떤 의미를 갖는가?(31:38-40)

지형: 하나넬 망대, 동쪽 마문, 모퉁이 문

의미: 유다에게 수모를 가져다 주었던 부분이 완전히 회복됨

하나님은 그동안 주로 예루살렘을 파괴할 거라고 선언하셨다. 이제 예루살렘 재건을 약속하신다. 본문이 언급하고 있는 여러 지형/지역의 이름은 재건 약속에 현실감을 더하기 위함이다. 하나넬 망대는 북쪽 벽에 속한 망대였다(느3:1; 12:39; 슥14:10). 모퉁이 문은 도시의 북서쪽 구석에 있었던 문이다(왕하14:13; 대하25:23; 26:9; 슥14:10). 바빌론 군대는 예루살렘을 침략했을 때 '하나넬 망대에서 모퉁이 문까지' 성벽을 무너뜨리고 성안으로 진입했다. 유다에게 수모를 가져다 주었던 부분이 완전히 회복될 것을 예고하고 있다.

Ⅵ. 적용과 나눔

삶의 내비게이션(적용)

1 당신이 과거에 믿었던 약속으로 인해 실망한 경험은 무엇이 있었는가?

관찰문제 1번 참고. 이스라엘과 하나님 사이에 새 언약이 필요한 이유는 이스라엘이 하나님과의 약속을 지키지 않았기 때문이다. 하나님은 이스라엘에게 한없는 사랑을 표현하셨지만 이스라엘은 그 사랑을 받으면서도 그 사랑을 깨닫지 못한 사람처럼 다른 사랑을 찾기에 바빴다. 각자가 과거에 믿었던 약속으로 인해 실망한 경험에 대해 이야기를 나누어 보도록 한다. 엄마가 공부를 잘하면 원하는 것을 사주겠다고 하셔서 믿고 열심히 공부했지만 약속은 지켜지지 않을 수도 있다. 결혼전에는 손에 물 한 방울도 묻히지 않겠다고 약속하더니, 결혼해 보니 매일 손에 물이 마를 날이 없을 수도 있다. 일을 잘 처리하면 승진을 약속했는데 다른 사람이 승진되는 경우도 있다. 각자의 경험을 이야기 나누어 보도록 한다.

2 하나님은 파괴된 예루살렘의 재건을 약속하신다. 당신의 삶에서 파괴되고 낮아져서 다시 세워져야 할 부분은 무엇인가?

관찰문제 5번 참고. 파괴된 예루살렘의 재건은 유다에게 수모를 가져다 주었던 부분의 회복을 예고하는 것이다. 각자가 삶에서 파괴되고 낮아져서 다시 세워져야 할 부분에 대해 이야기를 나누어 보도록 한다. 실패로 인해 낮아진 자존감, 경제적 어려움으로 인한 마이너스 통장, 게임으로 인해 파괴된 생활패턴, 게으름과 잠으로 인한 가난, 자녀출산으로 인해 망가진(변화) 몸매 등 다양한 이야기를 나누어 보도록 한다.

3 선지자는 하나님과 백성 사이에 새 언약이 세워질 때 일어나는 네 가지 현상(하나님을 아는 것, 여호와를 아는 지식, 삶의 변화, 용서)을 말한다. 네 가지 현상 중에서 당신에게 필요한 것은 무엇인가?

관찰문제 3번 참고. 하나님을 아는 지식이 특별히 선택받은 일부에게 제한되었던 것에서 새언약을 통해 온 백성에게 주어진다. 또한 하나님을 아는 지식이 그들의 심장에 새겨져 더 이상 외식하는 자들이 없고 여호와의 기준으로 살아가는 사람이 많아진다. 새 언약으로 세워진 새 공동체는 네 가지(여호와를 아는 것, 여호와를 아는 지식, 삶의 변화, 용서)에 변화를 가져온다. 각자가 네 가지 현상 중에서 필요한 것이 무엇인가 이야기를 나누어 보도록 한다.

Ⅶ. 마무리

기도로 마무리한다.
제5주 관찰문제를 예습해 오도록 한다.
실천과제를 제시한다.

생활의 아로마(실천)

예 1) 낮아진 것에 하나님의 약속을 근거로 재건하기

제5주 순종의 선택

예레미야 35:1–19

학습목표

명령에 대한 순종은 하나님의 축복으로 이어진다는 사실을 알 수 있다.

KEYWORD **명령, 순종, 축복**

Ⅰ. 찬양과 기도

Ⅱ. 지난주 실천과제 나눔

Ⅲ. 복습문제 풀이

복습

1 새 언약이 세워질 때 나타나는 현상 네 가지는 무엇인가?(31:34)

a) 하나님을 알게 될 것이다.

b) 여호와에 대한 확실하고 완벽한 지식을 갖게 될 것이다.

c) 여호와를 아는 지식이 그들의 삶을 주관할 것이다.

d) 하나님의 용서를 체험할 것이다.

Ⅳ. 말씀 예레미야 35:1-19을 다 함께 읽는다

35:1 유다의 요시야 왕의 아들 여호야김 때에 여호와께로부터 말씀이 예레미야에게 임
하여 이르시되 2 너는 레갑 사람들의 집에 가서 그들에게 말하고 그들을 여호와의 집
한 방으로 데려다가 포도주를 마시게 하라 하시니라 3 이에 내가 하바시냐의 손자요
예레미야의 아들인 야아사냐와 그의 형제와 그의 모든 아들과 모든 레갑 사람들을 데
리고 4 여호와의 집에 이르러 익다랴의 아들 하나님의 사람 하난의 아들들의 방에 들
였는데 그 방은 고관들의 방 곁이요 문을 지키는 살룸의 아들 마아세야의 방 위더라 5
내가 레갑 사람들의 후손들 앞에 포도주가 가득한 종지와 술잔을 놓고 마시라 권하매
6 그들이 이르되 우리는 포도주를 마시지 아니하겠노라 레갑의 아들 우리 선조 요나
답이 우리에게 명령하여 이르기를 너희와 너희 자손은 영원히 포도주를 마시지 말며 7
너희가 집도 짓지 말며 파종도 하지 말며 포도원을 소유하지도 말고 너희는 평생 동안
장막에 살아라 그리하면 너희가 머물러 사는 땅에서 너희 생명이 길리라 하였으므로
8 우리가 레갑의 아들 우리 선조 요나답이 우리에게 명령한 모든 말을 순종하여 우리
와 우리 아내와 자녀가 평생 동안 포도주를 마시지 아니하며 9 살 집도 짓지 아니하며
포도원이나 밭이나 종자도 가지지 아니하고 10 장막에 살면서 우리 선조 요나답이 우
리에게 명령한 대로 다 지켜 행하였노라 11 그러나 바벨론의 느부갓네살 왕이 이 땅에
올라왔을 때에 우리가 말하기를 갈대아인의 군대와 수리아인의 군대를 피하여 예루살
렘으로 가자 하고 우리가 예루살렘에 살았노라 12 그 때에 여호와의 말씀이 예레미야
에게 임하여 이르시되 13 만군의 여호와 이스라엘의 하나님께서 이와 같이 말씀하시니
라 너는 가서 유다 사람들과 예루살렘 주민에게 이르기를 너희가 내 말을 들으며 교
훈을 받지 아니하겠느냐 여호와의 말씀이니라 14 레갑의 아들 요나답이 그의 자손에게
포도주를 마시지 말라 한 그 명령은 실행되도다 그들은 그 선조의 명령을 순종하여 오
늘까지 마시지 아니하거늘 내가 너희에게 말하고 끊임없이 말하여도 너희는 내게 순
종하지 아니하도다 15 내가 내 종 모든 선지자를 너희에게 보내고 끊임없이 보내며 이
르기를 너희는 이제 각기 악한 길에서 돌이켜 행위를 고치고 다른 신을 따라 그를 섬
기지 말라 그리하면 너희는 내가 너희와 너희 선조에게 준 이 땅에 살리라 하여도 너
희가 귀를 기울이지 아니하며 내게 순종하지 아니하였느니라 16 레갑의 아들 요나답의
자손은 그의 선조가 그들에게 명령한 그 명령을 지켜 행하나 이 백성은 내게 순종하지
아니하도다 17 그러므로 만군의 여호와 이스라엘의 하나님께서 이와 같이 말씀하시니

라 보라 내가 유다와 예루살렘의 모든 주민에게 내가 그들에게 대하여 선포한 모든 재
앙을 내리리니 이는 내가 그들에게 말하여도 듣지 아니하며 불러도 대답하지 아니함
이니라 하셨다 하라 18 예레미야가 레갑 사람의 가문에게 이르되 만군의 여호와 이스
라엘의 하나님께서 이와 같이 말씀하시기를 너희가 너희 선조 요나답의 명령을 순종
하여 그의 모든 규율을 지키며 그가 너희에게 명령한 것을 행하였도다 19 그러므로 만
군의 여호와 이스라엘의 하나님께서 이와 같이 말씀하시니라 레갑의 아들 요나답에게
서 내 앞에 설 사람이 영원히 끊어지지 아니하리라 하시니라

건너뛴 장 내용 요약
32장 땅을 사는 예레미야
33장 회복 약속
34장 배신: 맹세를 지키지 않는 이스라엘

V. 관찰문제의 바른 답

말씀 돋보기(관찰)

1 하나님이 예레미야 선지자를 통해 성전에 초청한 사람들은 누구인가?(35:2)

레갑 사람들

하나님은 여호야김이 이스라엘을 통치하고 느부갓네살이 예루살렘을 포위하고 있던 시대에 예레미야에게 레갑 사람들을 하나님의 전으로 초청하라고 명령하셨다(1절; cf. 11절). '레갑'은 한 집안이나 부족을 뜻하는 해석도 있지만 그들이 예루살렘에 체류하는 동안 거했던 집의 이름으로 해석되기도 한다. '[말을] 타다'와 '병거'와 같은 어원에서 비롯된 레갑은 마차를 만드는 사람들을 뜻한다는 해석도 있다. 예레미야는 하나님의 말씀에 따라 모든 레갑 사람을 성전으로 초청했다(3절). 성전에서 이 일이 진행되는 것은 곧 하나님 앞에서 진행되고 있음을 의미한다. 예레미야가

레갑 사람 모두를 초청했음에도(3절) 한 방에 다 들어가는 것으로 보아 큰 그룹은 아니었던 것이 확실하다.

2 포도주를 권하는 예레미야에게 레갑 사람들은 어떻게 반응했는가?(35:6)

술을 마시지 않았다.

선지자는 그들에게 포도주를 대접했다. 아마도 예레미야는 이들이 술을 마시지 않는다는 사실을 이미 알고 있었을 것이다. 예레미야가 그들에게 술을 준 이유는 그들의 반응을 보기 위함이었다. 레갑 사람들의 반응은 선지자가 기대한 대로였다. “우리는 술을 마시지 않습니다.” 선지자는 10년의 세월을 거슬러 올라가 여호야김 시대에 있었던 일과 최근에 경험한 시드기야와 유다 사람들의 소행을 비교함으로써 이스라엘의 신실하지 못함을 비난하고자 한다.

3 레갑 사람들이 포도주를 마시지 않는 이유는 무엇인가?(35:6-10)

요나답이라는 그들의 옛 조상이 남긴 명령을 준수하기 위해서

레갑 사람들이 술을 마시지 않는 이유는 종교적인 이유나 건강 의식 때문이 아니었다. 단순히 요나답이라는 그들의 옛 조상의 명령을 준수하기 위함이었다. 그들은 이 조상의 명령을 이행하기 위해 술을 마시지 않을 뿐만 아니라, 집도 짓지 않고, 씨를 뿌리지도 않으며, 포도원을 가꾸지도, 소유하지도 않으며, 유목민이 되어 텐트에만 거한다고 덧붙인다(8-10절). 한 조상이 남긴 말씀을 자손 대대로 이렇게 지키는 레갑 사람들은 신실함이 무엇인가를 보여주는 좋은 예다.

성경에는 레갑이라는 이름이 몇 차례 등장한다. 사울의 아들 이스보셋이 다윗과 맞서 싸울 때 그의 군 지휘관 중 하나가 베냐민 지파 사람 레갑이었다(삼하 4:2). 예후가 아합을 상대로 쿠데타를 일으켰을 때 그를 도왔던 사람 중 레갑의 아들 여호나답이 있었다(왕하10:15). 그는 예후를 도와 바알 선지자들을 모두 죽이고 이스라엘 종교를 개혁한 것으로 생각된다

(cf. 왕하10:23).

4 이스라엘이 하나님의 심판을 받는 이유는 무엇인가?(35:14-15)

하나님 여호와의 말씀을 끊임없이 무시해 왔기 때문에

레갑 사람들은 조상의 명령을 지키기 위해 수 백년이 지나도 노력하고 있건만, 이스라엘은 그들의 하나님 여호와의 말씀을 끊임없이 무시해왔다(14절). 뿐만 아니라 하나님이 그들의 그릇됨을 일깨워주려고 보내신 선지자들의 메시지도 한결같이 무시해왔다(15절). 온 우주를 창조하신 여호와께서 이미 죽은 지 오래된 한 인간보다 순종을 받지 못하고 있는 것이다(16절). 그러므로 여호와께서 주인을 몰라보는 백성에게 심판을 선언하신다. 그동안 선지자들과 그 외 종들을 통해 내리겠다고 선포한 모든 재앙을 예루살렘과 그 주민들에게 그대로 임하게 하실 것이다(17절). 심지어 이스라엘은 자신들이 거하고 있는 땅까지 빼앗길 것이다. 하나님이 그들을 부르실 때 응답하지 않았기 때문이다.

5 하나님께서 레갑 사람들에게 내리실 복은 무엇인가?(35:18-19)

그들 중에서 하나님 앞에 설 사람이 영원히 끊어지지 않을 것이다.

하나님은 신실함의 표상이 된 레갑 사람들에게 복을 내리신다. 레갑의 아들 요나단에게서 하나님 앞에 설 사람이 영원히 끊이지 않을 것이라고 하신다(19절). 대를 잇는 사람이 끊이지 않을 것이라는 말씀은 다윗과 레위 제사장들에게 주신 약속에 버금간다(33:17-18). 더욱이 '하나님 앞에 서는 것'은 제사장 사역과 연관된 표현이다. 그러나 레갑 사람들은 제사장들이 아니다. 그러므로 이 말씀은 하나님께 드리는 예배에 참석하는 자들 중에 레갑 자손들이 영원히 끊이지 않을 것이라는 의미로 해석해야 한다. 하나님을 예배할 수 있는 것도 하나님이 주시는 특권이기 때문이다. 느헤미야 3:14은 예레미야 시대부터 150년이 흐른 다음에도 레갑의 자손이 여호와를 신실하게 섬기고 있었다고 회고한다. 하나님의 약속은 이처럼 꼭 이루어진다.

〈비교되는 명령과 순종〉

명령하는 자	하나님	요나답
명령의 내용	악한 길에서 돌이켜 우상을 섬기지 말라	포도주를 마시지 말라
대상	이스라엘	자손
반응	불순종	순종
최종 결과	모든 재앙을 내림	주앞에 설 사람이 영원히 끊기지 않음

Ⅵ. 적용과 나눔

삶의 내비게이션(적용)

1 레갑 사람들은 조상 요나답이 죽은 후에도 그의 명령을 신실하게 지키고 있다. 당신이 부모에게 받은 명령 중 아직도 지키고 있는 것은 무엇인가?

관찰문제 3번 참고. 오랜 세월이 지난 다음에도 조상의 명령을 신실하게 지키기 위해 온갖 노력을 아끼지 않는 레갑 사람들의 이야기는 하나님의 이름으로 맹세했던 것도 순식간에 저버리는 신실하지 못한 이스라엘 사람들과 큰 대조를 이룬다. 각자가 부모에게 받은 명령 중에 아직도 지키고 있는 것은 무엇이 있었는가 이야기를 나누어 보도록 한다. 평소에 부모님이 입버릇처럼 하신 말씀 중에서 찾아볼 수 있다. 예를 들면 절대 보증을 서지 말라. 배우자가 한 미모하면 얼굴값을 한다. 타인들의 싸움에 끼어들지 말라. 열 번 찍어 안 넘어가는 나무 없다. 신앙적인 예로는 주일을 꼭 지켜라. 십일조 생활을 해라. 믿음의 배우자와 결혼해야 한다.

2 하나님의 말씀에 대한 순종과 불순종은 극적으로 다른 결과를 초래한다. 당신이 순종하지 않아서 치르는 결과(불행)와 순종해서 누리는 결과(축복)는 무엇이 있는가?

관찰문제 5번 참고. 하나님의 말씀에 불순종한 이스라엘은 70년의 포로생활이라는 불행한 결과를 초래하지만, 조상 요나답의 명령에 순종한 레갑 사람들은 하나님 앞에 설 사람이 영원히 끊이지 않는 축복이 결과를 낳는다. 각자가 순종한 경우, 불순종한 경우 어떤 결과를 가져왔는가 이야기를 나누어 보도록 한다.

3 당신이 자손에게 반드시 남기고 싶은 부탁(명령)은 무엇인가?

관찰문제 4번 참고. 레갑 사람들은 수 백 년이 지난 조상의 명령을 신실하게 잘 지켜서 하나님께 복을 받는다. 사람은 누구나 자손이 하나님의 복을 받기를 원할 것이다. 각자가 자손에게 남기고 싶은 부탁(명령)은 무엇이 있는가 이야기를 나누어 보도록 한다. 가훈이나 삶의 지표 같은 것을 말할 수도 있다. 신앙의 기준에 대한 부탁(명령)일 수 있다.

Ⅶ. 마무리

기도로 마무리한다.
제6주 관찰문제를 예습해 오도록 한다.
실천과제를 제시한다.

생활의 아로마(실천)

예 1) 하나님의 명령 중에서 어떤 것을 등한시하거나 무시하고 사는지 되돌아 본다.

2) 자녀에게 남겨주고 싶은 신앙의 유산을 만들도록 한다.

제6주 오만불손

예레미야 36:1-26

학습목표

하나님의 말씀을 대하는 태도에 대해 알 수 있다.

KEYWORD **성전, 불신, 태도**

Ⅰ. 찬양과 기도

Ⅱ. 지난주 실천과제 나눔

Ⅲ. 복습문제 풀이

 **복습**

1 레갑 사람들이 포도주를 마시지 않는 이유는 무엇인가?(35:6-10)

요나단이라는 그들의 옛 조상이 남긴 명령을 준수하기 위해서

Ⅳ. 말씀 예레미야 36:1-26을 다 함께 읽는다

36:1 유다의 요시야 왕의 아들 여호야김 제사년에 여호와께로부터 예레미야에게 말씀
이 임하니라 이르시되 2 너는 두루마리 책을 가져다가 내가 네게 말하던 날 곧 요시
야의 날부터 오늘까지 이스라엘과 유다와 모든 나라에 대하여 내가 네게 일러 준 모

든 말을 거기에 기록하라 [3] 유다 가문이 내가 그들에게 내리려 한 모든 재난을 듣고
각기 악한 길에서 돌이키리니 그리하면 내가 그 악과 죄를 용서하리라 하시니라 [4] 이
에 예레미야가 네리야의 아들 바룩을 부르매 바룩이 예레미야가 불러 주는 대로 여호
와께서 그에게 이르신 모든 말씀을 두루마리 책에 기록하니라 [5] 예레미야가 바룩에게
명령하여 이르되 나는 붙잡혔으므로 여호와의 집에 들어갈 수 없으니 [6] 너는 들어가
서 내가 말한 대로 두루마리에 기록한 여호와의 말씀을 금식일에 여호와의 성전에 있
는 백성의 귀에 낭독하고 유다 모든 성읍에서 온 자들의 귀에도 낭독하라 [7] 그들이 여
호와 앞에 기도를 드리며 각기 악한 길을 떠나리라 여호와께서 이 백성에 대하여 선포
하신 노여움과 분이 크니라 [8] 네리야의 아들 바룩이 선지자 예레미야가 자기에게 명
령한 대로 하여 여호와의 성전에서 책에 있는 여호와의 모든 말씀을 낭독하니라 [9] 유
다의 요시야 왕의 아들 여호야김의 제오년 구월에 예루살렘 모든 백성과 유다 성읍들
에서 예루살렘에 이른 모든 백성이 여호와 앞에서 금식을 선포한지라 [10] 바룩이 여호
와의 성전 위뜰 곧 여호와의 성전에 있는 새 문 어귀 곁에 있는 사반의 아들 서기관
그마랴의 방에서 그 책에 기록된 예레미야의 말을 모든 백성에게 낭독하니라 [11] 사반
의 손자요 그마랴의 아들인 미가야가 그 책에 기록된 여호와의 말씀을 다 듣고 [12] 왕
궁에 내려가서 서기관의 방에 들어가니 모든 고관 곧 서기관 엘리사마와 스마야의 아
들 들라야와 악볼의 아들 엘라단과 사반의 아들 그마랴와 하나냐의 아들 시드기야와
모든 고관이 거기에 앉아 있는지라 [13] 미가야가 바룩이 백성의 귀에 책을 낭독할 때에
들은 모든 말을 그들에게 전하매 [14] 이에 모든 고관이 구시의 증손 셀레먀의 손자 느
다냐의 아들 여후디를 바룩에게 보내 이르되 너는 백성의 귀에 낭독한 두루마리를 손
에 가지고 오라 네리야의 아들 바룩이 두루마리를 손에 가지고 그들에게로 오니 [15] 그
들이 바룩에게 이르되 앉아서 이를 우리 귀에 낭독하라 바룩이 그들의 귀에 낭독하매
[16] 그들이 그 모든 말씀을 듣고 놀라 서로 보며 바룩에게 이르되 우리가 이 모든 말을
왕에게 아뢰리라 [17] 그들이 또 바룩에게 물어 이르되 너는 그가 불러 주는 이 모든 말
을 어떻게 기록하였느냐 청하노니 우리에게 알리라 [18] 바룩이 대답하되 그가 그의 입
으로 이 모든 말을 내게 불러 주기로 내가 먹으로 책에 기록하였노라 [19] 이에 고관들
이 바룩에게 이르되 너는 가서 예레미야와 함께 숨고 너희가 있는 곳을 사람에게 알리
지 말라 하니라 [20] 그들이 두루마리를 서기관 엘리사마의 방에 두고 뜰에 들어가 왕께
나아가서 이 모든 말을 왕의 귀에 아뢰니 [21] 왕이 여후디를 보내어 두루마리를 가져오
게 하매 여후디가 서기관 엘리사마의 방에서 가져다가 왕과 왕의 곁에 선 모든 고관의

귀에 낭독하니 22 그 때는 아홉째 달이라 왕이 겨울 궁전에 앉았고 그 앞에는 불 피운
화로가 있더라 23 여후디가 서너 쪽을 낭독하면 왕이 면도칼로 그것을 연하여 베어 화
로 불에 던져서 두루마리를 모두 태웠더라 24 왕과 그의 신하들이 이 모든 말을 듣고
도 두려워하거나 자기들의 옷을 찢지 아니하였고 25 엘라단과 들라야와 그마랴가 왕
께 두루마리를 불사르지 말도록 아뢰어도 왕이 듣지 아니하였으며 26 왕이 왕의 아들
여라므엘과 아스리엘의 아들 스라야와 압디엘의 아들 셀레먀에게 명령하여 서기관 바
룩과 선지자 예레미야를 잡으라 하였으나 여호와께서 그들을 숨기셨더라

V. 관찰문제의 바른 답

말씀 돋보기(관찰)

1 하나님의 말씀이 예레미야에게 임한 때는 언제이며, 목적은 무엇인가(36:1-4)

여호야김 즉위 4년째 되던 해

악한 길에서 돌이키면 하나님께서 그 악과 죄를 용서하시려고

여호야김 즉위 4년째 되던 해에 하나님은 예레미야에게 그동안 그가 하나님께로부터 받은 말씀을 두루마리에 기록하도록 명령하셨다. 예레미야서에서 여호야김 즉위 4년이 언급되는 것은 네 차례나 된다(25:1; 36:1; 45:1; 46:2). 이 때가 주전 605년이며, 예레미야에게 매우 중요한 의미를 지닌 해였다. 예레미야가 사역을 시작한 지 23년째 되던 해였으며, 바빌론이 갈그미스에서 아시리아의 패잔병과 이집트 군의 연합 전선을 물리침으로써 근동 지역의 종주국으로 자리를 굳힌 때였다(cf. 46:2).

하나님이 선지자에게 이 글을 저작하라고 하신 목적은 '내가 그들에게 내리려 한 모든 재난을 듣고 각기 악한 길에서 돌이키리니 그리하면 내가 그 악과 죄를 용서하리라'(3절)에 잘 나타나 있다.

2 바룩이 어디에서 말씀을 선포하고 왜 예레미야를 대신해서 대독했는

가?(36:6)

성전, 예레미야가 감금된 상태라서

선지자는 바룩에게 완성된 두루마리를 가지고 성전으로 가서 금식하러 온 사람들 앞에서 읽도록 했다. 자신은 감금된 상태라 움직일 수 없었기 때문이다. 선지자 역시 하나님과 같은 바람을 가지고 이 일에 임했다. '그러면 그들이 주님 앞에 엎드려 기도드리면서, 저마다 악한 길에서 돌아올는지도 모르오'(7절, 새번역). 하나님과 선지자는 이 백성이 돌아오기를 이렇게 간곡하게 기대하고 기다렸다. 그러나 역사는 증언한다. 그들의 바람이 허망한 것이었다는 사실을. 이스라엘은 벌을 받을지언정 끝까지 돌아오지 않았다.

3 바룩이 말씀을 선포한 후에 바룩을 만나기를 원하는 사람들은 누구이며 어떤 질문을 했는가?(36:12, 17)

누구: 고관들

질문: 말씀을 받게 된 동기가 무엇인가 물었다.

바룩이 말씀을 선포한 뒤 그마랴의 아들 미가야는 왕과 각료들을 찾아 바룩이 성전에서 하나님의 말씀을 선포하고 있음을 보고했다. '서기관 엘리사마와 스마야의 아들 들라야와 악볼의 아들 엘라단과 사반의 아들 그마랴와 하나냐의 아들 시드기야와 모든 고관'이 회의를 하고 있는 곳에 들어가 모든 것을 고하니 그들이 바룩을 만나기를 원했다(12-13절). 고관들은 바룩을 친철하게 맞이했다. 그리고 그가 선포한 하나님의 말씀을 모두 경청했다. 바룩이 말씀을 선포한 뒤 두렴움이 온 방을 가득 채웠다(16절). 그들은 바룩에게 말씀을 받게 된 동기를 물었다(17절).

4 고관들이 말씀을 다 듣고 바룩에게 한 권면은 무엇인가?(36:19)

바룩과 예레미야를 당분간 숨어 지내도록 권면한다.

고관들의 질문에 바룩이 예레미야가 선포한 말씀을 바룩이 받아쓴 것임

을 밝히자(18절), 그들은 급히 바룩과 예레미야에게 당분간 숨어 지내도록 했다(19절). 내용이 현 정권에 대하여 지나치게 비관적이기 때문에 죽음을 면하기 힘들 것이라는 결론에서 비롯된 조언이다. 비록 그들은 포악한 여호야김을 왕으로 모시고 있지만, 예레미야를 지지하고 존경하는 사람들이었다. 고관들이 바룩에게 예레미야와 함께 숨으라고 말하는 것을 보면 예레미야가 감옥에 감금되어 있지만, 어느 정도의 자유는 누린 것으로 생각된다. 집안의 애경사가 있을 때 잠시 감옥을 떠날 수 있는 정도의 자유는 있었던 것이다. 고관들이 왕에게 보고하기 전에 이렇게 권고하는 것은 그들도 예레미야를 참 선지자로 여기고 있기 때문이다.

5 여호야김은 두루마리를 어떻게 했으며, 왕의 명령은 무엇이며, 결과는 어떻게 되었는가?(36:23-26)

두루마리: 칼로 잘라내어 불에 넣어 태웠다.

명령: 바룩과 예레미야를 체포하라.

결과: 하나님께서 숨기셨다.

각료들이 여호야김을 찾아가 자초지종을 말했다. 여호야김은 여후디를 시켜 엘리사마의 방에 보관되어 있던 바룩의 두루마리를 가지고 오도록 명령했다. 두루마리 서너 쪽을 읽힐 때마다 여호야김은 낭독된 말씀이 적힌 두루마리를 면도칼(서기관의 칼)로 잘라내어 불에 처넣었다(22-23절). 옛적 요시야는 하나님의 말씀을 듣고 회개하는 의미에서 자기 옷을 찢었는데(왕하22:11), 그의 아들 여호야김은 하나님의 말씀을 찢는다. 여호야김은 전혀 회개할 생각이 없는 사람이다. 말씀을 잘라 불사르다는 것은 선포된 말씀을 수용할 수 없으며, 심각하게 받아들이지 않는다는 상징성을 지닌 행동이다. 그는 예루살렘과 유다가 하나님의 심판으로 망할 것이라는 경고를 듣고 불쾌해졌다. 그래서 하나님께 '해볼 테면 해보라'는 자세를 취하고 있다.

왕과 그의 주변에 서서 이 말씀을 듣던 사람들은 두려움에 사로 잡혀 근신하며 옷을 찢는 것이 아니라(cf. 24절) 오히려 예레미야와 바룩에게 분노했다. 왕은 신하들을 시켜 예레미야와 바룩을 체포하라고 명령했지만 그들은 이미 잠적한 상태였다. 저자는 여호와께서 이들을 숨기셨다고 기록하고 있다(26절).

Ⅵ. 적용과 나눔

 삶의 내비게이션(적용)

1 여호야김은 마치 하나님께 '해볼 테면 해보라'는 자세를 취하고 있다. 당신이 과거에 누군가에게 해볼 테면 해보라는 자세를 취한 경험은 무엇이 있었는가?

관찰문제 5번 참고. 여호야김은 선포된 말씀을 전혀 수용할 수 없으며, 심각하게 받아들이지 않았다. 그리고 말씀을 면도칼로 잘라내어 불에 태워버린다. 이 자세는 하나님을 향해서 '해볼 테면 해보라지'라는 의미이다. 각자가 여호야김과 같은 자세를 취했던 경험에 대해 이야기를 나누어 보도록 한다. 부모를 향해서, 선생님을 향해서, 직장 상사를 향해서, 해볼 테면 해보라는 자세로 대한 경험을 이야기 하도록 한다.

2 고관들은 여호야김의 신하들이지만 예레미야와 바룩에게 숨을 것을 권면한다. 당신에게 은밀하게 도움을 주고 있거나 받고 있는 사람은 누구인가?

관찰문제 4번 참고. 고관들이 왕에게 보고하기 전에 이렇게 권고하는 것은 그들도 예레미야를 참 선지자로 여기고 있기 때문이다. 비록 온 나라가 예레미야를 대적하는 것 같지만, 은밀히 돕는 사람도 있었던 것이다. 그것도 높은 곳에 친구를 두었다. 각자가 은밀하게 도움을 주고 있는 사람에 대해 이야기를 나누어 보도록 한다. 멀리 아프리카에 있는 친구에게 은밀하게 도움을 줄 수도 있다. 바로 옆에 있는 이웃에게도 은밀하게 도움을 줄 수 있다. 또한 도움을 받는 경우도 이야기해 보도록 한다. 은밀한 도움은 어디로부터 왔는지 말해보고, 주는 것과 받는 것의 차이와 은밀한 것과 드러내 놓고 하는 도움의 차이에 대해서도 서로의 의견을 나누어 본다.

3 바룩은 성전에서 말씀을 선포하였다. 예배드리는 것과 말씀에 순종하는 것은 별개의 문제이다. 당신은 어느 부분에 더 치중하는가?

관찰문제 2번 참고. 바룩은 예레미야의 명령에 따라 성전으로 가서 하나님의 말씀이 적힌 두루마리는 읽어 내려갔다. 바빌론과 이집트 사이에서 고민하는 이스라엘은 절박한 상황에 모든 백성이 금식을 하고 있었다. 유다 사람들은 금식하며 성전에서 예배를 드리고 있었지만, 바룩이 읽고 예레미야를 통해 선포된 하나님의 말씀에는 순종하지 않았다. 오히려 예레미야와 바룩에게 분노하여 체포하라고 명령한다. 각자가 예배드리는 것과 말씀에 순종하는 것 중 어느 부분에 더 치중하는가 이야기를 나누어 보도록 한다. 물론 말씀에 순종하는 사람이 예배를 드리지만 말씀에 순종한다고 하면서 예배를 소홀히 할 수 있다. 또 반대로 예배는 중요시 하면서 말씀에 대한 순종은 등한시 할 수 있다. 서로 말해 보도록 한다. 인도자는 누구의 신앙이 좋다 나쁘다 평가하지 말고, 균형 있는 신앙을 유지하기 위해 스스로를 돌아볼 수 있도록 돕는다.

Ⅶ. 마무리

기도로 마무리한다.
제7주 관찰문제를 예습해 오도록 한다.
실천과제를 제시한다.

생활의 아로마(실천)

예 1) 예배 참석하는 것에 신경 쓰고 있는지(외적인 경건), 말씀 순종에 더 신경 쓰고 있는지(내적인 경건) 점검해 보도록 한다.

2) 은밀하게 꼭 도움이 필요한 사람에게 도움을 주도록 한다.

제7주 긴급구조

예레미야 38:1-13

학습목표

생각지 못한 곳에서 하나님의 도움의 손길을 발견할 수 있다.

KEYWORD **위기, 대가, 구조**

Ⅰ. 찬양과 기도

Ⅱ. 지난주 실천과제 나눔

Ⅲ. 복습문제 풀이

복습

1 여호야김은 두루마리를 어떻게 했으며, 왕의 명령은 무엇이며, 결과는 어떻게 되었는가?(36:23-26)

두루마리: 칼로 잘라내어 불에 넣어 태웠다.

명령: 바룩과 예레미야를 체포하라.

결과: 하나님께서 숨기셨다.

Ⅳ. 말씀 예레미야 38:1-13을 다 함께 읽는다

38:1 맛단의 아들 스바댜와 바스훌의 아들 그다랴와 셀레먀의 아들 유갈과 말기야의

아들 바스훌이 예레미야가 모든 백성에게 이르는 말을 들은즉 이르기를 2 여호와께서
이와 같이 말씀하시되 이 성에 머무는 자는 칼과 기근과 전염병에 죽으리라 그러나 갈
대아인에게 항복하는 자는 살리니 그는 노략물을 얻음 같이 자기의 목숨을 건지리라 3
여호와께서 이와 같이 말씀하시니라 이 성이 반드시 바벨론의 왕의 군대의 손에 넘어
가리니 그가 차지하리라 하셨다 하는지라 4 이에 그 고관들이 왕께 아뢰되 이 사람이
백성의 평안을 구하지 아니하고 재난을 구하오니 청하건대 이 사람을 죽이소서 그가
이같이 말하여 이 성에 남은 군사의 손과 모든 백성의 손을 약하게 하나이다 5 시드기
야 왕이 이르되 보라 그가 너희 손 안에 있느니라 왕은 조금도 너희를 거스를 수 없느
니라 하는지라 6 그들이 예레미야를 끌어다가 감옥 뜰에 있는 왕의 아들 말기야의 구
덩이에 던져 넣을 때에 예레미야를 줄로 달아내렸는데 그 구덩이에는 물이 없고 진창
뿐이므로 예레미야가 진창 속에 빠졌더라 7 왕궁 내시 구스인 에벳멜렉이 그들이 예레
미야를 구덩이에 던져 넣었음을 들으니라 그 때에 왕이 베냐민 문에 앉았더니 8 에벳
멜렉이 왕궁에서 나와 왕께 아뢰어 이르되 9 내 주 왕이여 저 사람들이 선지자 예레미
야에게 행한 모든 일은 악하니이다 성 중에 떡이 떨어졌거늘 그들이 그를 구덩이에 던
져 넣었으니 그가 거기에서 굶어 죽으리이다 하니 10 왕이 구스 사람 에벳멜렉에게 명
령하여 이르되 너는 여기서 삼십 명을 데리고 가서 선지자 예레미야가 죽기 전에 그를
구덩이에서 끌어내라 11 에벳멜렉이 사람들을 데리고 왕궁 곳간 밑 방에 들어가서 거
기에서 헝겊과 낡은 옷을 가져다가 그것을 구덩이에 있는 예레미야에게 밧줄로 내리
며 12 구스인 에벳멜렉이 예레미야에게 이르되 당신은 이 헝겊과 낡은 옷을 당신의 겨
드랑이에 대고 줄을 그 아래에 대시오 예레미야가 그대로 하매 13 그들이 줄로 예레미
야를 구덩이에서 끌어낸지라 예레미야가 시위대 뜰에 머무니라

건너뛴 장 내용 요약

37장 예레미야 요나단의 집에 감금

V. 관찰문제의 바른 답

말씀 돋보기(관찰)

1 예레미야가 선포한 메시지는 무엇인가?(38:1-3)

살고 싶다면 항복하라.

바빌론 군이 성을 포위한 상태에서 예레미야는 계속 메시지를 선포했다. "살고 싶은가? 항복하라!" 그가 새로운 메시지를 전하는 것은 아니지만, 모든 일에 예민해진 고관들이 분노했다. 가뜩이나 어려운 상황에서 그의 메시지는 도대체 도움이 되지 않는다는 것이다.

예레미야는 40년 동안 신실하게 하나님의 말씀을 선포해왔다. 그러나 선지자는 자신이 선포한 하나님의 모든 말씀과 경고가 아무런 효과도 발휘하지 못하는 아픔을 체험해야 했다. 선지자는 바빌론 군대가 포위를 푼 시간을 이용해 개인적인 일을 보려고 베냐민 지파에 속한 땅으로 가려다가(37:12) 베냐민 문에서 문지기 이리야에 의해 붙잡혔다(37:13). 이리야는 예레미야가 바빌론 사람들에게 항복하러 가는 것이라고 억지를 서서 그를 붙잡았고, 결국 예레미야는 변변한 변호 한번 못하고 매를 맞고 감옥에 갇혔다.

2 고관들이 왕에게 예레미야의 처형을 요구하는 이유는 무엇인가?(38:4)

예레미야가 다른 선지자들처럼 평안을 말하지 않고 재앙을 말하기 때문에

결국 '맛단의 아들 스바다와 바스훌의 아들 그다랴와 셀레먀의 아들 유갈과 말기야의 아들 바스훌'등 네 명이 주동이 되어 왕을 찾아가 선지자에 대한 대책을 요구했다. 그들은 예레미야에게 반역죄를 적용해 처형하기를 원했다. 이유는 예레미야가 다른 [거짓] 선지자들처럼 평안을 말하지 않고 재앙을 말하기 때문이다(4절). 이 사람들에게 진실 여부는 중요하지 않다. 그들이 선지자를 판단하기 위해 적용하는 유일한 잣대는 '평

안을 말하는가, 아니면 재앙을 말하는가'이다. 평안을 말하는 선지자는 참이고, 재앙을 말하는 선지자는 거짓이라고 생각한다. 이들이 이 기준을 유일한 잣대로 삼는 이유는 그것이 백성에게 미치는 영향 때문이다(4절).

3 예레미야는 어디에 투옥되었는가?(38:5–6)

왕의 아들 말기야의 물 저장 탱크

왕이 '마음대로 하라'는 허락을 받은 대신들은 예레미야를 잡아 시위대 뜰에 있던 왕의 아들 말기야의 물 저장 탱크에 감금했다. 여기서 언급되는 구덩이(6절)는 우기 때 빗물을 모았다가 건기에 짐승과 사람이 마시는 물을 저장하는 탱크를 뜻한다. 땅을 파내고 물이 새지 않도록 안쪽에 석회나 진흙을 발랐다. 깊지 않은 것은 깊이가 2미터, 깊은 것은 8미터에 달했다. 예레미야를 줄로 달아 내렸다는 사실에서(6절), 이 구덩이가 상당히 깊었음을 알 수 있다. 물이 없을 때는 감옥으로 사용되었고 완전히 마르지 않은 깊은 웅덩이들은 진흙 수렁으로 갇혀 있는 사람의 목숨을 위협할 수 있다.

4 예레미야의 구조를 위해 앞장선 사람은 누구인가?(38:7–9)

에벳멜렉

구스(에디오피아) 사람, 그것도 환관이었던 에벳멜렉(왕의 종)이 급히 시드기야를 찾아가 예레미야를 죽도록 방치해 두어서는 안된다고 설득했다(9절). 에벳멜렉은 대신들이 예레미야에게 한 짓을 '악한 일'이라며 그들의 처사를 비난한다. 더 나아가 그는 '성중에 떡이 떨어졌거늘…그가 거기서 굶어 죽으리이다' 라며 왕을 설득한다(9절). 온 이스라엘이 예레미야에게 등을 돌린 상황에서 이방인이 그의 목숨을 구하는 데 앞장섰다는 것은 아이러니하기도 하고 서글프기도 하다. 에벳멜렉은 이방인이자 내시였다. 사회에서 낮은 자에 속한 사람이라고 할 수 있다. 그러나 그는 예레미야의 생명을 구하기 위해 하나님이 보내신 천사였다. 하나님은 예레미야에게 자비를 베풀었던 에벳멜렉에게 자비를 베푸신다. 에벳멜렉이 임박한 전쟁에서 죽지 않고 생존하게 될 것을 약속하신 것이다 (39:15–18). 하나님은 선을 선으로 베푸시는 분이다.

5 예레미야는 어떻게 구조되었는가?(38:11–13)

낡은 옷을 가져다 새끼줄을 만들어서 선지자가 감금되어 있던 물탱크 안으로 내려 보내서 선지자를 끌어 올려 구조했다.

시드기야는 에벳멜렉의 말에 동조했고, 서른 명을 급파해 예레미야를 '죽기 전'에 구하도록 했다(10절). 시드기야가 에벳멜렉에게 이처럼 많은 군인들을 주는 것은 아마도 예레미야가 들어가 있는 구덩이가 상당히 깊었던 것과 예레미야 구조 작업이 그를 죽이려 하는 대신의 군인들과 군사적 충돌을 빚을 수도 있었기 때문일 것이다(5절). 군인 서른 명의 역할은 예레미야를 구덩이에서 구하고, 반대할 만한 세력을 견제하기 위해서였다.

예레미야를 구하라는 명령을 받은 사람들은 낡은 옷을 가져다 새끼줄을 만들어서 선지자가 감금되어 있던 물탱크 안으로 내려 보냈다(11절). 예레미야는 낡은 옷을 엮어 만든 밧줄을 가슴에 감았고, 위에 있는 사람들은 선지자를 끌어올렸다(12절). 선지자가 깊은 수렁에 박혀 있기 때문에, 그를 빼내려면 많은 힘이 필요했을 것이다.

VI. 적용과 나눔

삶의 내비게이션(적용)

1 예레미야는 하나님의 말씀을 전하다 고난을 당했다. 당신이 과거에 선한 일을 하다가 불이익을 당하거나 곤란한 적이 있었는가?

관찰문제 1, 3번 참고. 예레미야가 전하는 하나님의 말씀은 고난에 처한 이스라엘의 곪아터진 상처에 부담과 아픔만을 더할 뿐이었다. 그래서 예레미야는 감옥(물 저장 탱크)에 감금된다. 우리도 선한 일을 하다 보면 오해를 받기도 하고,

불이익을 당하기도 한다. 선한 일을 한 의도가 선한 것이냐고 묻기도 한다. 각자가 과거에 선한 일을 하다가 당한 불이익에 대해 이야기를 나누어 보도록 한다. 또는 곤란한 경험에 대해 말할 수도 있다. 예를 들면 길 잃은 아이를 부모님을 찾도록 도와 주었더니 사례를 바란다는 괜한 오해를 살 수도 있다. 무거운 짐을 들고 가는 할머니를 도와드리려고 했더니 물건을 잃어버릴까 오해를 하기도 한다. 학교에서 친구를 도와주다가, 직장에서 솔선수범하다가, 친구들과의 사이에서도 선한 일에 불이익을 당할 수 있다. 공항에서 타인의 짐을 맡았다가 곤란을 겪을 수도 있다. 싸움을 말리다가 오히려 가해자가 될 수도 있다. 각자의 경험을 말해 보도록 한다.

2 고관들은 평안을 말하는 선지자는 참이고, 재앙을 말하는 선지자는 거짓이라고 생각한다. 당신도 좋은 말을 하는 사람은 친구이고, 충고를 하는 사람은 친구가 아니라고 생각하는가? 당신 생각에는 좋은 친구는 어떤 사람인가?

관찰문제 2번 참고. 유다의 고관들은 참과 거짓의 구분이 진실인가 거짓인가에 있지 않다. 그들에게 이익을 주는가 백성에게 어떤 영향을 미치는가에 따라 참과 거짓을 구분 짓는다. 오늘을 사는 우리도 진실과 거짓의 잣대가 단순히 자신에게 좋은 것인가 나쁜 것인가에 의해 결정되기도 한다. 각자가 생각하는 좋은 친구는 어떤 사람인가 이야기를 나누어 본다. 나의 이야기를 잘 들어주는 친구가 좋을 것이다. 전화를 걸면 언제나 달려올 수 있는 친구가 있다면 행복할 것이다. 거기에 나에게 적당한 충고의 말을 해 줄 수 있는 친구가 있다면 그보다 좋은 일은 없을 것이다. 그러나 대부분의 친구들은 립서비스에 익숙하고, 그것을 진실로 받아들이기도 한다. 각자의 생각을 이야기 나누어 보고 상황을 바꾸어서 각자가 친구들에게 과연 좋은 친구가 되고 있는가에 대해서도 서로 말해 보도록 한다.

3 에벳멜렉은 예레미야를 구조하는데 성공하고, 하나님의 복을 받는다. 당신 주변에 당신의 도움이 필요한 사람은 누구인가?

관찰문제 4번 참고. 예레미야에게 에벳멜렉의 도움은 전혀 예측하지 못한 곳에서의 도움이었다. 그는 이방인이고 내시였으며 예레미야와 관련이 없는 사람이었다. 그러나 하나님은 에벳멜렉을 통해서 예레미야를 구원하신다. 당신의 주변에도 당신의 도움이 필요한 사람이 있을 것이다. 그는 전혀 예측하지 못하더라도 당신의 눈에는, 마음에는 그의 도움의 요청이 보이고, 알아질 것이다. 각자가 생각나는 사람은 누구인가 이야기를 나누어 보도록 한다.

Ⅶ. 마무리

기도로 마무리한다.
제8주 관찰문제를 예습해 오도록 한다.
실천과제를 제시한다.

생활의 아로마(실천)

예 1) 도움을 주는 것인지 오지랖인지 파악하도록 한다.
2) 듣고자 하는 이야기보다 들어야 하는 이야기에 귀를 기울이도록 한다.
3) 전혀 예측하지 못한 곳에서 도움이 오고 도움을 줄 수 있도록 한다.

제8주 최후의 날

예레미야 39:1–14

학습목표

하나님의 도성 예루살렘도 최후의 날을 맞이할 수 있다는 사실을 알 수 있다.

KEYWORD **최후, 멸망, 징벌**

Ⅰ. 찬양과 기도

Ⅱ. 지난주 실천과제 나눔

Ⅲ. 복습문제 풀이

복습

1 고관들이 왕에게 예레미야의 처형을 요구하는 이유는 무엇인가? (38:4)

예레미야가 다른 선지자들처럼 평안을 말하지 않고 재앙을 말하기 때문에

Ⅳ. 말씀 예레미야 39:1–14을 다 함께 읽는다

39:1 유다의 시드기야 왕의 제구년 열째 달에 바벨론의 느부갓네살 왕과 그의 모든 군

대가 와서 예루살렘을 에워싸고 치더니 [2] 시드기야의 제십일년 넷째 달 아홉째 날에
성이 함락되니라 예루살렘이 함락되매 [3] 바벨론의 왕의 모든 고관이 나타나 중문에
앉으니 곧 네르갈사레셀과 삼갈네부와 내시장 살스김이니 네르갈사레셀은 궁중 장관
이며 바벨론의 왕의 나머지 고관들도 있더라 [4] 유다의 시드기야 왕과 모든 군사가 그
들을 보고 도망하되 밤에 왕의 동산 길을 따라 두 담 샛문을 통하여 성읍을 벗어나서
아라바로 갔더니 [5] 갈대아인의 군대가 그들을 따라 여리고 평원에서 시드기야에게 미
쳐 그를 잡아서 데리고 하맛 땅 립나에 있는 바벨론의 느부갓네살 왕에게로 올라가
매 왕이 그를 심문하였더라 [6] 바벨론의 왕이 립나에서 시드기야의 눈 앞에서 그의 아
들들을 죽였고 왕이 또 유다의 모든 귀족을 죽였으며 [7] 왕이 또 시드기야의 눈을 빼게
하고 바벨론으로 옮기려고 사슬로 결박하였더라 [8] 갈대아인들이 왕궁과 백성의 집을
불사르며 예루살렘 성벽을 헐었고 [9] 사령관 느부사라단이 성중에 남아 있는 백성과
자기에게 항복한 자와 그 외의 남은 백성을 잡아 바벨론으로 옮겼으며 [10] 사령관 느
부사라단이 아무 소유가 없는 빈민을 유다 땅에 남겨 두고 그 날에 포도원과 밭을 그
들에게 주었더라 [11] 바벨론의 느부갓네살 왕이 예레미야에 대하여 사령관 느부사라단
에게 명령하여 이르되 [12] 그를 데려다가 선대하고 해하지 말며 그가 네게 말하는 대로
행하라 [13] 이에 사령관 느부사라단과 내시장 느부사스반과 궁중 장관 네르갈사레셀과
바벨론 왕의 모든 장관이 [14] 사람을 보내어 예레미야를 감옥 뜰에서 데리고 사반의 손
자 아히감의 아들 그다랴에게 넘겨서 그를 집으로 데려가게 하매 그가 백성 가운데에
사니라

V. 관찰문제의 바른 답

말씀 돋보기(관찰)

1 바벨론이 예루살렘을 공격한 날짜와 함락한 날짜는 각각 언제인가?(39:1–2)

공격한 날: 시드기야 즉위 9년 10월

함락한 날: 시드기야 즉위 11년 4월 9일

바빌론 군대의 예루살렘 공격은 시드기야 즉위 9년 10월에 시작되었다고 하는데(1절) 오늘날 날짜로는 주전 588년 12월/587년 1월이 된다. 또한 예레미야 52:4, 열왕기하 25:1, 에스겔 24:1 등은 10월 10일에 본격적인 포위가 시작되었다고 말을 더한다. 18개월 동안 지속된 바빌론 군의 포위에 예루살렘으로 도피했던 유다 사람들은 혹독한 기근과 배고픔의 괴로움을 겪어야 했다.
드디어 시드기야 즉위 11년 4월 9일 성벽이 무너졌다(2절). 오늘날 달력으로는 주전 586년 7월 18일이다. 성전은 한 달 후에 불에 탔다(52:6-14). 성안에 축적해 두었던 식량은 고갈되었으며 예루살렘은 매우 절박한 상황에 처해 있었다.

2 바빌론이 예루살렘을 함락시키자 유다왕 시드기야는 어떻게 되었는가?(39:4-5)

밤에 성을 빠져나가 도주했다.

바빌론 군이 예루살렘에 입성하기 며칠 전 시드기야는 야밤에 성을 빠져나가 도주했다. 그는 실로암 우물 근처에 있었던 왕의 동산(느3:15)을 통해 아라바(요단 계곡) 쪽으로 도망가다가 바빌론 군에게 붙잡혔다(4절). 그가 잡힌 위치로 보아 아마도 시드기야는 모압이나 암몬 쪽으로 도망가고 싶어 한 것 같다. 바빌론 군대에 붙잡힌 시드기야는 결국 느부갓네살이 거하던 립나(리블라)로 끌려갔다(5절). 리블라(립나)는 시리아(아람)에 속한 오론테스 강 근처에 있었다. 립나로 이송되는 동안 시드기야는 분명 '살고 싶으면 바빌론 군에게 항복하라. 이것이 하나님의 뜻이다'라고 했던 예레미야의 권면을 기억하며 후회했을 것이다.

3 시드기야는 어떤 고통을 당했는가?(39:6-7)

시드기야가 보는 앞에서 아들들을 모두 처형했다.
두 눈이 뽑혀서 쇠사슬에 묶인 채 바빌론으로 압송되었다.

느부갓네살은 매우 잔인한 왕이었다. 그는 시드기야가 보는 앞에서 귀족

들뿐만 아니라 시드기야의 아들들을 모두 처형했다(6절). 이후 시드기야는 두 눈이 뽑혀서 쇠사슬에 묶인 채 바빌론으로 압송되었다(7절). 에스겔은 이미 이런 시드기야의 최후를 상징적인 행동을 통해 경고했다(겔 12:12-13). 시드기야는 자기 눈으로 본 마지막 사건은 죽임을 당하던 그의 아들들이 살려달라며 애원하던 모습이다. 부모에게는 너무 끔찍한 기억이자 이미지이다. 52:11은 그가 바빌론 감옥에서 생을 마감했다고 기록한다. 결국 자기만 살겠다고 백성을 버리고 도망한 시드기야도 그가 버리고 간 백성과 같은 운명을 맞이한 것이다.

4 바빌론군은 점령한 예루살렘을 어떻게 했는가?(39:8-9)

성전과 왕궁에 불을 지르고, 성벽을 무너뜨렸고, 경제 능력이 있고 기술이 있는 사람들은 모두 바빌론으로 끌고 갔다.

바빌론 군은 예루살렘을 완전한 폐허로 만들었다. 성전과 왕궁에 불을 질렀다(8절; cf. 52:13; 왕하25:9). 예루살렘 성전은 주전 586년 8월에 불에 탔다. 바빌론 군은 백성의 집을 태웠고, 예루살렘 성벽을 무너뜨렸다(8절). 조금이라도 경제 능력이 있고 기술이 있는 사람들은 모조리 바빌론으로 끌고 갔다(9절). 52:29은 이 때 832명이 끌려갔다고 기록한다. 예루살렘에 남은 사람들은 땡전 한 푼 없는 가난하고 기술이 없는 사람들이었다(10절).

5 느부갓네살 왕은 예레미야를 어떻게 대우했으며, 그다랴에게 데려간 이유는 무엇인가?(39:12-14)

예레미야를 환대했다. 예레미야를 해하지 못하도록 보호하기 위해서

예루살렘을 파괴하러 온 바빌론 군은 예레미야에게 해방군이었다. 평소에 예레미야가 시드기야와 이스라엘 백성에게 어떤 권면을 해왔는가에 대해 들은 바가 있었던 느부갓네살은 그를 환대했다. 예레미야가 항복을 권한 것은 그것이 분명한 하나님의 명령이었기 때문이지 바빌론 군을 좋아했기 때문이 아니었다. 그러나 바빌론 사람들 입장에서 예레미야는 예

루살렘에 있었던 유일한 '아군'이었다. 그러므로 느부갓네살은 바빌론 편이라고 생각되는 예레미야를 환대하기를 원했다. 그리고 느부갓네살은 사령관 느부사라단에게 아무도 예레미야를 해하지 못하도록 조치를 취하고 선지자가 원하는 대로 해주라고 명령했다(11–12절). 사령관 느부사라단은 왕의 명령에 따라 감옥에 갇혀 있던 예레미야를 구해 예루살렘의 새 총독이 될 그다랴에게 넘겨 보호하도록 했다(14절). 예레미야에게 보호가 필요한 이유는 만일 예루살렘에 아직도 친이집트 성향의 사람들이 남아 있었다면, 바빌론 사람들이 예레미야를 환대한 일은 그가 바빌론 사람들을 위해 일한 매국노였다는 사실을 입증하는 결정적인 증거로 사용되었을 것이다. 그들은 매국노를 처단한답시고 예레미야의 생명을 노릴 수 있다. 그러므로 예레미야는 그 어느 때보다 보호가 필요했다.

Ⅵ. 적용과 나눔

삶의 내비게이션(적용)

1 예루살렘이 함락되자 이스라엘은 최후의 날을 맞이한다. 살면서 당신에게 가장 역사적인 날(긍정적이든, 부정적이든)은 언제인가?

관찰문제 1번 참고. 예루살렘이 함락되면서 이스라엘은 더 이상 한 국가로서 존재하지 않는 운명을 맞이 했다. 각자가 살면서 가장 역사적인 날은 언제인가 이야기를 나누어 보도록 한다. 예를 들면, 올림픽, 2002년 월드컵, 911 테러, IMF, 처음 서울에 상경한 날, 자장면을 처음 먹은 날, 교복에서 해방된 날 등.

2 바빌론 군에 붙잡힌 시드기야는 예레미야의 권면을 듣지 않은 것을 후회했다. 당신은 누군가의 조언을 듣지 않아 후회하는가?

관찰문제 3, 5번 참고. 시드기야는 예레미야의 살고 싶으면 항복하라는 말을 듣지 않고 혼자 살겠다고 백성들을 버리고 야밤에 도주를 감행했다가 바빌론 군대에게 붙잡힌다. 우리도 누군가의 조언을 듣는다. 때로는 부모님의, 선생님의, 직장 상사나 교회 선배의 조언을 듣는다. 자녀나 후배에게 조언을 들을 때도 있다. 그 조언을 얼마나 경청하고 고치려고 노력하는가는 조언을 하는 사람의 몫이 아니라 조언을 듣는 사람의 몫이다. 각자가 조언을 듣지 않아 후회한 것을 이야기 나누어 본다.

3 예수님을 믿는다고 환란과 고통이 오지 않는 것은 아니다. 저지른 죄에 대한 대가를 치르지 않는다는 것도 아니다. 당신이 구원받은 백성으로 항상 염두에 두어야 할 것은 무엇인가?

관찰문제 1번 참고. 이스라엘은 건국 이래 많은 위기를 맞이했지만 그때마다 하나님의 은혜로 멸망을 면할 수 있었다. 그러나 그 특권도 더 이상 효력을 발휘하지 못한다. 우리도 예수님을 믿는다고 모든 것이 만사형통한 것은 아니다. 비가 모든 사람에게 동일하게 내리듯 고난도 환란이나 고통도 모든 사람에게 찾아온다. 우리가 지은 죄에 대해서도 용서함을 받지만 그 대가는 반드시 치러야 한다. 각자가 구원받은 백성으로 항상 염두에 두어야 할 것은 무엇이 있는가 이야기를 나누어 보도록 한다. 예를 들면 죄를 멀리하기, 성경공부를 통해서 말씀 배우기, 배운 말씀을 실천하면서 살기, 경건 훈련하기 등

Ⅶ. 마무리

기도로 마무리한다.
제9주 관찰문제를 예습해 오도록 한다.
실천과제를 제시한다.

생활의 아로마(실천)

예 1) 경고(조언) 무시하지 말기
2) 하나님의 자녀라는 특권의식 남용(오용)하지 말기

제9주 고집불통

예레미야 42:19-43:7

학습목표

하나님의 뜻을 구하고 순종하는 방법에 대해 알 수 있다.

KEYWORD **불순종, 핑계**

Ⅰ. 찬양과 기도

Ⅱ. 지난주 실천과제 나눔

Ⅲ. 복습문제 풀이

복습

1 바빌론군은 점령한 예루살렘을 어떻게 했는가?(39:8-9)

성전과 왕궁에 불을 지르고, 성벽을 무너뜨렸고, 경제 능력이 있고 기술이 있는 사람들은 모두 바빌론으로 끌고 갔다.

Ⅳ. 말씀 예레미야 42:19-43:7을 다 함께 읽는다

42:19 유다의 남은 자들아 여호와께서 너희를 두고 하신 말씀에 너희는 애굽으로 가지
말라 하셨고 나도 오늘 너희에게 경고한 것을 너희는 분명히 알라 20 너희가 나를 너

희 하나님 여호와께 보내며 이르기를 우리를 위하여 우리 하나님 여호와께 기도하고
우리 하나님 여호와께서 말씀하신 대로 우리에게 전하라 우리가 그대로 행하리라 하
여 너희 마음을 속였느니라 [21] 너희 하나님 여호와께서 나를 보내사 너희에게 명하신
말씀을 내가 오늘 너희에게 전하였어도 너희가 너희 하나님 여호와의 목소리를 도무
지 순종하지 아니하였은즉 [22] 너희가 가서 머물려고 하는 곳에서 칼과 기근과 전염병
에 죽을 줄 분명히 알지니라 [43:1] 예레미야가 모든 백성에게 그들의 하나님 여호와의
말씀 곧 그들의 하나님 여호와께서 자기를 보내사 그들에게 이르신 이 모든 말씀을 말
하기를 마치니 [2] 호사야의 아들 아사랴와 가레아의 아들 요하난과 모든 오만한 자가
예레미야에게 말하기를 네가 거짓을 말하는도다 우리 하나님 여호와께서 너희는 애굽
에서 살려고 그리로 가지 말라고 너를 보내어 말하게 하지 아니하셨느니라 [3] 이는 네
리야의 아들 바룩이 너를 부추겨서 우리를 대적하여 갈대아 사람의 손에 넘겨 죽이며
바벨론으로 붙잡아가게 하려 함이라 [4] 이에 가레아의 아들 요하난과 모든 군 지휘관
과 모든 백성이 유다 땅에 살라 하시는 여호와의 목소리를 순종하지 아니하고 [5] 가레
아의 아들 요하난과 모든 군 지휘관이 유다의 남은 자 곧 쫓겨났던 여러 나라 가운데
에서 유다 땅에 살려 하여 돌아온 자 [6] 곧 남자와 여자와 유아와 왕의 딸들과 사령관
느부사라단이 사반의 손자 아히감의 아들 그다랴에게 맡겨 둔 모든 사람과 선지자 예
레미야와 네리야의 아들 바룩을 거느리고 [7] 애굽 땅에 들어가 다바네스에 이르렀으니
그들이 여호와의 목소리를 순종하지 아니함이러라

건너뛴 장 내용 요약
40장 예레미야의 석방과 불안한 정세
41장 그다랴 암살과 이스마엘의 만행

V. 관찰문제의 바른 답

말씀 돋보기(관찰)

1 예레미야가 유다의 남은 자들에게 분노한 이유는 무엇인가?(42:20-21)
20절: 뜻을 이미 정해 놓고 하나님의 뜻을 물은 것처럼 속였다.

21절: 하나님의 목소리에 순종하지 않았다.

바빌론 군의 예루살렘 공략이 끝났고, 그다랴가 유다를 다스린다는 소문이 가나안 지역에 돌자 이웃 나라로 피난했던 유대인들이 돌아오기 시작했다. 그다랴는 이들을 중심으로 새로운 유대인 공동체를 형성해 나가야 하는 막중한 책임을 지고 있었다. 그러나 그의 통치는 궤도에 오르기도 전에 끝이 났다. 그다랴가 암살당한 것이다. 이 일로 인해 회복의 기미를 보였던 유다 공동체는 순식간에 산산조각 났다. 또한 바빌론이 세운 그다랴가 암살당하므로 바빌론의 보복을 두려워한 유다 공동체는 이집트로 가려고 결정을 내리고 예레미야에게 하나님의 뜻을 물었다. 이에 하나님의 말씀을 전한 예레미야는 개인적인 분노와 감정을 그들에게 드러낸다. 그는 늦게나마 이 백성의 마음을 읽고 있었다. 처음에 그들은 선지자에게 하나님의 뜻을 밝혀 달라고 의뢰할 때 '좋으나 궂으나 하나님의 뜻에 따르겠다'고 약속했지만, 이미 마음속의 계획은 확고했다. 이집트로 가기로 결정을 한 상태에서 선지자를 속인 것이다. 그들은 하나님의 말씀에 불순종하고 있다. 결국 그들이 선지자를 통해서 하나님의 말씀을 거부한 것은 스스로 저주가 임하도록 하는 일이다(cf. 42:5).

2 이집트로 내려가려는 유다의 남은 자들을 향한 예레미야의 경고는 무엇인가?(42:22)

칼과 기근과 전염병에 죽을 것이다.

예레미야는 그들에게 이용당했다는 느낌을 떨칠 수 없었다. 그래서 선지자는 그들이 이집트로 내려가면 바빌론의 칼은 피할 수는 있겠지만, 그들을 쫓아갈 하나님의 칼은 결코 피할 수 없을 것이라고 선언한다. 그들은 잘 살려고 이집트로 내려가지만, 그곳에서 칼과 기근과 전염병에 죽을 것이다(22절). 칼과 기근과 전염병은 하나님이 사람들을 칠 때 주로 사용하시는 무기들이다.

3 예레미야의 경고를 들은 요하난 일행의 대답은 무엇인가?(43:2)

하나님의 말씀을 거부한다.

예레미야를 통해 하나님의 복 또는 이집트로 내려가려는 계획을 인준받기를 원했던 것이 수포로 돌아가자 요하난 일행은 예레미야가 선포한 메시지의 진실성을 정면으로 반박하고 나섰다. 그들은 듣자마자 한순간에 하나님의 말씀을 거부한다. 요하난 일행에게 유일한 진리이자 하나님의 말씀은 그들의 결정을 축복하고 지지하는 발언이고, 그렇지 않은 메시지는 모두 거짓이다. 이집트로 가는 것은 더 이상 그 누구도 막을 수 없는 집념이 되어 있다. 선지자도, 심지어 하나님도 그들의 길을 막을 수 없다. 죄를 짓기로 작정한 사람의 눈에는 아무것도 보이지 않는다. 오직 죄를 짓는 일에만 전념할 뿐이다.

4 요하난 일행이 생각하기에 예레미야가 진심을 말하지 않는 이유는 무엇인가?(43:3)

바룩의 농간에 놀아나 엉뚱한 소리를 하고 있다고 생각해서

그들은 예레미야가 하나님의 진심을 말하고 있지 않으며 바룩의 농간에 놀아나 엉뚱한 소리를 하고 있다고 비난했다. 여기서 우리는 유다 사람들이 바룩을 단순히 예레미야의 메시지를 기록한 기록자가 아니라 선지자에게 상당한 영향력을 행사한 사람으로 간주하고 있음을 알 수 있다. 그들에게는 누가 주연이고, 누가 조연인지를 구분하는 능력이 없다.

5 요하난 일행이 애굽으로 가면서 강제로 끌로 간 사람들은 누구인가?(43:6)

예레미야와 바룩

요하난 일행은 온 땅에 거하고 있던 사람들–땅의 소산을 즐기며 살고 있던 사람들–뿐만 아니라 예레미야와 바룩도 강제로 끌고 갔다(6절). 저자는 이 행위가 하나님을 거역하는 행위였음을 두 차례나 강조하고 있다(4,7절). '여호와의 목소리를 순종하지 아니함이러라.' 그들이 이 사람들

을 끌고 이집트로 간 것은 분명 하나님의 말씀에 순종하지 않은 행위라는 사실을 강조하기 위해서이다.

Ⅵ. 적용과 나눔

 삶의 내비게이션(적용)

1 요하난 일행은 예레미야가 바룩의 농간에 놀아나고 있다고 생각한다. 그들은 누가 주언이고 누가 조연인지 구분을 못하고 있다. 당신이 과거에 요하난 일행처럼 조연과 주연에 대해 착각한 일에는 무엇이 있었는가?

관찰문제 4번 참고. 요하난 일행은 자신들이 듣고 싶어 하는 말씀은 하나님의 말씀이고, 듣기 싫어하는 소리는 다 거짓이라고 생각한다. 그리고 예레미야가 진심을 말하지 않고 바룩의 농간에 놀아나 엉뚱한 소리를 한다고 비난한다. 그들은 주연과 조연을 구분하는 능력이 없다. 각자가 과거에 요하난 일행처럼 조연과 주연에 대해 착각한 경험에 대해 이야기를 나누어 보도록 한다. 예를 들면 교수님과 학생이 식당에 갔는데 주인은 학생을 더 높은 사람인 줄 알고 상석으로 인도해서 학생이 난감할 수 있다. 면접을 보러 갔는데 사장이 너무 젊어서 직원으로 착각할 수 있다. 선을 보러 나갔는데 노안의 외모를 가진 분이 나오셔서 아버지(어머니)가 같이 오신 것으로 착각할 수 있다. 각자의 경험을 말해 보도록 한다.

2 당신이 한 번 작정하면 끝까지 가는 것은 무엇인가?

관찰문제 3번 참고. 예레미야는 하나님의 뜻을 알기 위해 10일을 기도했다. 하나님이 10일 동안 선지자를 기다리게 하신 것에는 요하난 일행이 당장이라도 이집트로 떠나려고 하는 조급한 마음을 버리고 차분하고 냉정하게 이집트로 가는 일의 득과 실을 따져보도록 하기 위한 의도가 깔려 있는 듯하다. 그러나 그들은 말씀을 듣자마자 한 순간에 하나님의 말씀을 거부한다. 이집트로 가는 것은 더 이상 누구도 막을 수 없는 집념이 되어 있다. 선지자도, 하나님도 그들의 길을 막을 수 없다. 이집트로 가기로 작정한 그들은 끝까지 이집트 만을 고집할 뿐이다. 우리도 한 번 작정하면 끝까지 가는 것들이 있다. 음식에 꽂히는 경우는 냉면에 꽂혀서 냉면만 먹는다든가(그 외 라면, 콜라 등 다양한 음식 중 한 가지), 취미로 낚시(등산, 골프 등)에 꽂혀서 가족도 저버리고 낚시만 다닌다든가, 게임, 맛집, 그릇, 보석, 치장하는 것, 전자기기 등. 각자가 한 번 작정하면 끝까지 가는 것은 무엇이 있는가 이야기를 나누어 보도록 한다.

3 당신은 기도할 때 뜻을 미리 정해 놓고 기도하는가 아니면 하나님의 인도하심을 받고 싶어 기도하는가?

관찰문제 1번 참고. 요하난 일행의 유일한 진리이자 하나님의 말씀은 그들의 결정을 축복하고 지지하는 발언이고, 그렇지 않은 메시지는 모두 거짓이다. 죄인은 근본적으로 듣기 원하는 메시지만 골라 듣고, 듣기 싫어하는 것은 사실이 아니라고 억지를 쓰며 부인하는 성향이 있다. 각자는 기도할 때 어떻게 기도하는가 이야기를 나누어 본다. 하나님의 인도하심을 받기 원해 열린 기도를 하는가 아니면 이미 정해 놓고 이것은 꼭 들어주셔야 한다며 꽉 막힌 기도를 하는가 돌아보는 시간을 갖도록 한다. 만일 선교지를 놓고 기도한다면, 장소를 이미 정하고 기도하는가 아니면 하나님의 인도하시는 곳을 기다리며 기도하는가 살펴볼 수 있다.

Ⅶ. 마무리

기도로 마무리한다.
제10주 관찰문제를 예습해 오도록 한다.
실천과제를 제시한다.

생활의 아로마(실천)

예 1) 기도할 때 하나님을 제한하는지 아니면 들을 준비가 되어 있는지 돌아보기
2) 주연, 조연, 삶의 우선 순위 정하기

제10주 절망 중의 소망

예레미야 52:12–34

학습목표

모든 것이 끝났다고 생각할 때 소망을 잃지 말아야 한다는 사실을 알 수 있다.

KEYWORD **최후, 절망, 소망**

Ⅰ. 찬양과 기도

Ⅱ. 지난주 실천과제 나눔

Ⅲ. 복습문제 풀이

복습

1 예레미야가 유다의 남은 자들에게 분노한 이유는 무엇인가?(42:20–21)
20절: 뜻을 이미 정해 놓고 하나님의 뜻을 물은 것처럼 속였다.
21절: 하나님의 목소리에 순종하지 않았다.

Ⅳ. 말씀 예레미야 52:12–34을 다 함께 읽는다

52:12 바벨론의 느부갓네살 왕의 열아홉째 해 다섯째 달 열째 날에 바벨론 왕의 어전

사령관 느부사라단이 예루살렘에 이르러 13 여호와의 성전과 왕궁을 불사르고 예루살
렘의 모든 집과 고관들의 집까지 불살랐으며 14 사령관을 따르는 갈대아 사람의 모든
군대가 예루살렘 사면 성벽을 헐었더라 15 사령관 느부사라단이 백성 중 가난한 자와
성중에 남아 있는 백성과 바벨론 왕에게 항복한 자와 무리의 남은 자를 사로잡아 갔고
16 가난한 백성은 남겨 두어 포도원을 관리하는 자와 농부가 되게 하였더라 17 갈대아
사람은 또 여호와의 성전의 두 놋기둥과 받침들과 여호와의 성전의 놋대야를 깨뜨려
그 놋을 바벨론으로 가져갔고 18 가마들과 부삽들과 부집게들과 주발들과 숟가락들과
섬길 때에 쓰는 모든 놋그릇을 다 가져갔고 19 사령관은 잔들과 화로들과 주발들과 솥
들과 촛대들과 숟가락들과 바리들 곧 금으로 만든 물건의 금과 은으로 만든 물건의 은
을 가져갔더라 20 솔로몬 왕이 여호와의 성전을 위하여 만든 두 기둥과 한 바다와 그
받침 아래에 있는 열두 놋 소 곧 이 모든 기구의 놋 무게는 헤아릴 수 없었더라 21 그
기둥은 한 기둥의 높이가 십팔 규빗이요 그 둘레는 십이 규빗이며 그 속이 비었고 그
두께는 네 손가락 두께이며 22 기둥 위에 놋머리가 있어 그 높이가 다섯 규빗이요 머
리 사면으로 돌아가며 꾸민 망사와 석류가 다 놋이며 또 다른 기둥에도 이런 모든 것
과 석류가 있었더라 23 그 사면에 있는 석류는 아흔여섯 개요 그 기둥에 둘린 그물 위
에 있는 석류는 도합이 백 개이었더라 24 사령관이 대제사장 스라야와 부제사장 스바
냐와 성전 문지기 세 사람을 사로잡고 25.또 성 안에서 사람을 사로잡았으니 곧 군사
를 거느린 지휘관 한 사람과 또 성중에서 만난 왕의 내시 칠 명과 군인을 감독하는 군
지휘관의 서기관 하나와 성 안에서 만난 평민 육십 명이라 26 사령관 느부사라단은 그
들을 사로잡아 립나에 있는 바벨론의 왕에게 나아가매 27 바벨론의 왕이 하맛 땅 립나
에서 다 쳐 죽였더라 이와 같이 유다가 사로잡혀 본국에서 떠났더라 28 느부갓네살이
사로잡아 간 백성은 이러하니라 제칠년에 유다인이 삼천이십삼 명이요 29 느부갓네살
의 열여덟째 해에 예루살렘에서 사로잡아 간 자가 팔백삼십이 명이요 30 느부갓네살
의 제이십삼년에 사령관 느부사라단이 사로잡아 간 유다 사람이 칠백사십오 명이니
그 총수가 사천육백 명이더라 31 유다 왕 여호야긴이 사로잡혀 간 지 삼십칠 년 곧 바
벨론의 에윌므로닥 왕의 즉위 원년 열두째 달 스물다섯째 날 그가 유다의 여호야긴 왕
의 머리를 들어 주었고 감옥에서 풀어 주었더라 32 그에게 친절하게 말하고 그의 자리
를 그와 함께 바벨론에 있는 왕들의 자리보다 높이고 33 그 죄수의 의복을 갈아 입혔
고 그의 평생 동안 항상 왕의 앞에서 먹게 하였으며 34 그가 날마다 쓸 것을 바벨론의
왕에게서 받는 정량이 있었고 죽는 날까지 곧 종신토록 받았더라

건너뛴 장 내용 요약

44장–45장 이집트에서 선포된 메시지

46장–51장 열방에 대한 심판 선언

46장 이집트

47장 블레셋

48장 모압

49장 암몬, 에돔, 다마스쿠스, 아랍 족속들, 엘람

50장, 51장 바빌론

V. 관찰문제의 바른 답

말씀 돋보기(관찰)

1 바빌론의 군대가 예루살렘에서 행한 일은 무엇인가?(52:13–14)

a) 성전과 주요 건물을 불태웠다.

b) 성벽을 허물었다.

바빌론 사람들은 성전을 비롯한 예루살렘 주요 건물에 불을 질렀다. 도시의 기능을 완전히 마비시키겠다는 의도였을 것이다. 느부사리단은 예루살렘의 성벽을 모두 허물도록 지시했다. 무너진 성벽은 앞으로 140여 년 동안 방치될 것이다. 이 기간 동안 에스라를 비롯한 몇 명이 복구를 시도하지만 모두 실패할 것이다. 주전 440년대에 페르시아의 아닥사스 왕의 술 관원이었던 느헤미야에 의해 재건될 것이다. 그때까지 무너진 성벽은 군주에게 반역한 자들이 받는 응징의 상징으로, 여호와의 뜻에 거역한 사람들이 치러야 하는 대가의 상징이 되어 폐허로 남아 있어야 한다.

2 바빌론 군이 가져간 물건들이 일일이 나열된 이유는 무엇인가?(52:17–23)

바빌론의 약탈을 통한 유다의 절박한 심정을 표현하기 위해서

바빌론 사람들은 성전의 도구들과 값이 나가는 물건들은 모두 바빌론으로 가져갔다. 예레미야는 이미 이스라엘 사람들에게 바빌론 왕이 주전 597년에 가져가지 않은 물건들을 추가로 가져갈 날이 올 것이라는 예언을 한 적이 있다(27:19–22). 바빌론 군이 가져가 물건들의 이름이 일일이 나열하는 것을 통해 모든 것을 빼앗긴 유다의 절박한 심정을 잘 표현하고 있다.

3 바빌론으로 끌려간 사람들은 어떻게 되었으며 3차에 걸쳐 바빌론으로 끌려간 포로들의 수는?(52:27–30)

처형되었다.

1차–3,023명, 2차–832명, 3차–745명

바빌론 군은 유다 사람들을 바빌론으로 끌고 갔다. 가장 가난하거나 특별한 기술이 없어 제국의 경제에 도움이 되지 못할 사람들은 남겨두었지만, 조금이라도 이용 가치가 있는 사람들은 거의 모두 바빌론으로 끌고 갔다. 조금이라도 다시 반역을 선동할 수 있는 능력이 있는 사람들은 모두 끌어다가 립나에서 처형함으로써 반역을 꾀할 자들에게 경고로 사용했다. 바빌론으로 끌려간 수를 기록하고 있는 이 말씀은 열왕기에서 언급되지 않은 중요한 정보를 제공한다. 바빌론이 세 차례를 통해 이스라엘 사람들을 강제로 바빌론까지 끌고 갔는데 그때마다 몇 명이 끌려갔는지를 기록하고 있다. 느부갓네살이 주전 597, 586, 582년에 끌고 간 유다 사람들의 숫자는 다음과 같다. 주전 597년에 3,023명, 주전 586년에 832명, 그리고 주전 582년에 745명 등 총 4,600명에 달했다.

유다가 멸망한 것은 주전 586년으로 주전 597년에 끌려간 포로의 숫자보다 멸망한 해의 포로의 수가 적은 이유는 그 만큼 죽고, 끌고 갈 수 있는 사람들은 이미 다 끌려간 상태이기 때문이다.

4 바빌론의 에윌므로닥 왕이 감옥에서 풀어 준 유다 왕은 누구이며, 얼

마동안 감금되었는가?(52:31)

여호야긴, 37년

여호야긴이 바빌론으로 끌려가 감옥에 감금된 지 37년이 되던 해인 주전 506년에 새로 즉위한 바빌론의 왕 에윌므로닥의 선처로 감옥에서 풀려났다. 이때 여호야긴의 나이가 54/55세쯤 되었다(왕하24:8).

5 바빌론의 왕이 풀어준 유다 왕에게 행한 것은 무엇이며, 그것이 의미하는 것은?(52:32-34)

a) 여호야긴이 죽는 날까지 양식을 공급해 주었다.

b) 언젠가는 선지자의 예언대로 여호와의 은혜로 본국으로 돌아갈 날이 있으니 소망을 접지 말라는 의미이다.

바빌론 왕은 여호야긴이 죽는 날까지 양식을 공급해주었다. 이스라엘의 멸망을 선포했던 예레미야는 동시에 언젠가는 다윗 왕조가 다시 회복될 것이라는 메시지도 함께 선포했다(23:5-6; 30:8-9, 21; 33:14-17). 저자가 이 책 마지막에 이 이야기를 첨부하는 이유는 포로 생활을 하고 있는 유다 사람들에게 소망을 제시하기 위함이다. 예레미야가 선포했던 메시지대로 하나님의 징계가 현실로 임해 그들은 바빌론으로 끌려왔다. 그처럼 언젠가는 선지자의 예언대로 여호와의 은혜로 다시 본국으로 돌아갈 날이 있을 것이니 소망을 접지 말라는 의미이다.

그리고 이러한 여호와의 원대한 구원 계획과 의지가 여호야긴의 삶에서 한 예로 드러나고 있다. 37년의 감옥 생활 후에 그는 상상도 못했던 은혜를 입고 있다. 이처럼 여호와를 의지하는 자는 결코 실망하지 않을 것이며, 견뎌내면 언젠가는 그분의 놀라운 구원을 입게 될 것을 시사한다. 선지자가 예언했던 심판이 이미 현실로 드러났던 것처럼, 그가 예언했던 회복도 때가 되면 현실이 되어 포로민을 찾아올 것이다.

삶의 내비게이션(적용)

1 여호야긴은 37년의 긴 감옥 생활을 마감하고 자유의 몸이 되었다. 당신의 과거에 얽매였던 것은 무엇이 있었는가?

관찰문제 4번 참고. 여호야긴은 37년의 감옥생활을 마감한다. 젊은 시절을 감옥에서 보내고 거기서 죽을 줄 알았는데 자유를 얻은 것이다. 각자가 과거에 얽매였던 것에 대해 이야기를 나누어 보도록 한다. 질병으로 인해 자유롭지 못할 수 있다. 사람들과의 관계에서 오는 불편함으로 자유롭지 못할 수 있다. 경제적인 어려움도 우리의 자유를 많이 제한한다. 여호야긴도 모든 것을 포기한 상태에서 견디었더니 자유를 얻었던 것처럼 각자의 얽매인 과거에서 어떻게 극복했는가에 대해서도 말해 보도록 한다. 만일 아직도 자유롭지 못하다면 피드백을 통해 해방감을 얻는 방법에 대해서도 서로 토론하도록 한다.

2 성전의 모든 기물이 바빌론의 전리품이 되었다. 당신의 삶에서 빼앗기고 싶지 않은 것은?

관찰문제 2번 참고. 성전의 기물들은 주전 597년에 가져가지 않은 물건들을 모두 바빌론으로 가져갔다. 성전의 주요 물품들이 약탈당하는 것은 유다 사람들에게 모든 것을 빼앗기는, 빼앗기고 싶지 않은 것을 빼앗기는 아픔이었을 것이다. 각자의 삶에서도 빼앗기고 싶지 않은 것은 무엇이 있는가 이야기를 나누어 보도록 한다. 젊음을 빼앗기고 싶지 않은데 세월 앞에 장사가 없다 라든가, 배우자, 자녀, 취미, 보물 등. 각자의 소중한 것이 무엇인가 말해 보도록 한다.

3 여호야긴의 석방은 여호와를 의지하는 자는 결코 실망하지 않을 것이라는 소망을 제시한다. 당신이 끝까지 붙들어야 하는 소망은 무엇인가?

관찰문제 5번 참고. 여호야긴의 석방은 생각할 수 없는 일이 이루어진 것이다. 평생을 감옥에서 지내다 죽을 것이라는 생각이 지배적이었을 여호야긴에게 석방의 은혜는 유다의 바빌론 포로들에게 큰 소망을 주었을 것이다. 우리도 이루어질 수 없을 것 같은 소망에 때로는 힘들어 하고, 포기하고 싶은 마음을 가질 수 있다. 그러나 끝까지 붙들어야 하는 소망들이 있다. 그것이 무엇인가 이야기를 나누어 보도록 한다. 구원에 대한 소망은 끝까지 붙들어야 하는 일이다. 가족의 구원을 위한 소망도 포기하고 싶지만 끝까지 붙들어야 하는 소망에 속한다. 영혼 구원을 향한 소망과 기도하는 소망 등 각자의 이야기를 말해 보도록 한다.

Ⅶ. 마무리

기도로 마무리한다.
제11주 관찰문제를 예습해 오도록 한다.
실천과제를 제시한다.

생활의 아로마(실천)

예 1) 중요하게 여기는 것들 중에서 어떤 것이 영원한가를 생각해 본다.
2) 포기하고 싶은 소망을 끝까지 붙들자.

제11주 슬프다 이 성이여

예레미야애가 1:1–17

학습목표

수치와 파멸로 인해 슬픔으로 가득 찬 예루살렘을 통해 교훈을 배울 수 있다.

KEYWORD **슬픔, 수치, 파멸**

Ⅰ. 찬양과 기도

Ⅱ. 지난주 실천과제 나눔

Ⅲ. 복습문제 풀이

복습

1 바빌론의 왕이 풀어준 유다 왕에게 행한 것은 무엇이며, 그것이 의미하는 것은?(52:32–34)

a) 여호야긴이 죽는 날까지 양식을 공급해 주었다.

b) 언젠가는 선지자의 예언대로 여호와의 은혜로 본국으로 돌아갈 날이 있으니 소망을 접지 말라는 의미이다.

Ⅳ. 말씀 예레미야애가 1:1-17을 다 함께 읽는다

1:1 슬프다 이 성이여
전에는 사람들이 많더니 이제는 어찌 그리 적막하게 앉았는고
전에는 열국 중에 크던 자가 이제는 과부 같이 되었고
전에는 열방 중에 공주였던 자가 이제는 강제 노동을 하는 자가 되었도다
2 밤에는 슬피 우니 눈물이 뺨에 흐름이여
사랑하던 자들 중에 그에게 위로하는 자가 없고
친구들도 다 배반하여 원수들이 되었도다
3 유다는 환난과 많은 고난 가운데에 사로잡혀 갔도다
그가 열국 가운데에 거주하면서 쉴 곳을 얻지 못함이여
그를 핍박하는 모든 자들이 궁지에서 그를 뒤따라 잡았도다
4 시온의 도로들이 슬퍼함이여
절기를 지키려 나아가는 사람이 없음이로다
모든 성문들이 적막하며 제사장들이 탄식하며
처녀들이 근심하며 시온도 곤고를 받았도다
5 그의 대적들이 머리가 되고
그의 원수들이 형통함은
그의 죄가 많으므로 여호와께서 그를 곤고하게 하셨음이라
어린 자녀들이 대적에게 사로잡혔도다
6 딸 시온의 모든 영광이 떠나감이여
그의 지도자들은 꼴을 찾지 못한 사슴들처럼
뒤쫓는 자 앞에서 힘없이 달아났도다
7 예루살렘이 환난과 유리하는 고통을 당하는 날에
옛날의 모든 즐거움을 기억하였음이여
그의 백성이 대적의 손에 넘어졌으나
그를 돕는 자가 없었고 대적들은 그의 멸망을 비웃는도다
8 예루살렘이 크게 범죄함으로 조소거리가 되었으니
전에 그에게 영광을 돌리던 모든 사람이
그의 벗었음을 보고 업신여김이여

그는 탄식하며 물러가는도다
9 그의 더러운 것이 그의 옷깃에 묻어 있으나
그의 나중을 생각하지 아니함이여
그러므로 놀랍도록 낮아져도 그를 위로할 자가 없도다
여호와여 원수가 스스로 큰 체하오니 나의 환난을 감찰하소서
10 대적이 손을 펴서 그의 모든 보물들을 빼앗았나이다
주께서 이미 이방인들을 막아
주의 성회에 들어오지 못하도록 명령하신
그 성소에 그들이 들어간 것을 예루살렘이 보았나이다
11 그 모든 백성이 생명을 이으려고
보물로 먹을 것들을 바꾸었더니
지금도 탄식하며 양식을 구하나이다
나는 비천하오니 여호와여 나를 돌보시옵소서
12 지나가는 모든 사람들이여
너희에게는 관계가 없는가
나의 고통과 같은 고통이 있는가 볼지어다
여호와께서 그의 진노하신 날에 나를 괴롭게 하신 것이로다
13 높은 곳에서 나의 골수에 불을 보내어 이기게 하시고
내 발 앞에 그물을 치사 나로 물러가게 하셨음이여
종일토록 나를 피곤하게 하여 황폐하게 하셨도다
14 내 죄악의 멍에를 그의 손으로 묶고
얽어 내 목에 올리사 내 힘을 피곤하게 하셨음이여
내가 감당할 수 없는 자의 손에 주께서 나를 넘기셨도다
15 주께서 내 영토 안 나의 모든 용사들을 없는 것 같이 여기시고
성회를 모아 내 청년들을 부수심이여
처녀 딸 유다를 내 주께서 술틀에 밟으셨도다
16 이로 말미암아 내가 우니
내 눈에 눈물이 물 같이 흘러내림이여
나를 위로하여 내 생명을 회복시켜 줄 자가 멀리 떠났음이로다
원수들이 이기매 내 자녀들이 외롭도다

[17] 시온이 두 손을 폈으나 그를 위로할 자가 없도다
여호와께서 야곱의 사방에 있는 자들에게 명령하여
야곱의 대적들이 되게 하셨으니
예루살렘은 그들 가운데에 있는 불결한 자가 되었도다

V. 관찰문제의 바른 답

말씀 돋보기(관찰)

1 예루살렘 성전은 무엇에 비유되고 있으며, 어떤 분위기에 휩싸여 있는가?(1:1-4)

통곡하는 여성으로 비유

비통과 슬픔

애가 혹은 예레미야애가로 불리기도 하는 이 책의 히브리어 이름은 작품의 첫 단어인 '에이카'(어찌하여, 아이고, 슬프다 등으로 해석; 1:1; cf. 2:1; 4:1)로 불린다. 전혀 예측하지 못한 황당하고 충격적인 일이 일어났음을 표현한다. 이 노래는 예루살렘 성을 통곡하는 여성으로 묘사하는데, 도성이 여인으로 묘사되는 것은 선지서에서 흔히 발견된다. 예루살렘의 상황은 텅 빈 도성으로 묘사되며(1절), 예루살렘으로 가는 순례길이 텅 비었다는 이미지를 사용한다(4절). 순례자들로 붐비던 길에 인적이 끊어졌다(4절). 그러므로 시온으로 가는 도로들이 슬퍼한다. 예루살렘의 세 가지 헛된 믿음은 첫번째, 지리적인 요새, 두번째, 예루살렘 성전 구조, 세번째, 다윗 언약이다. 이 헛된 믿음으로 계속되는 경고를 무시한 결과는 바빌론에 의한 함락이며 멸망이다. 이것은 신학적 정체성과 생존 자체가 파괴되는 일이다.

2 여인의 과거와 현재를 어떻게 묘사하고 있는가?(1:1)

a) 여왕 → 과부

b) 공주 → 강제 노동하는 자

열방 중에 으뜸이었던 여인이 과부같이 되었고, 나라들 중에 공주이었던 예루살렘이 강제노동을 하는 종의 신분으로 몰락해버렸다(1절). 열방 중에 여왕이었던 이 여인은 모든 화려함과 빼어난 자태를 빼앗기고 처량한 과부가 되었다(1절). 그녀의 남편이었던 하나님이 떠났기 때문이다. 보호자인 남편이 없는 과부는 외로움과 취약함의 상징이다. 고대 근동에서 '과부'의 비유는 정치적인 의미를 지니기도 했다. 침략자들에게 정복당해 자치권을 잃고 종속 국가가 된 나라를 '과부'로 표현하기도 했기 때문이다. 과부가 된 여인은 모든 재산을 잃은 것도 부족하여 강제 노동을 하는 자로 전락했다. '강제 노동을 하는 자'는 '노예/종'을 의미한다. 이 구절은 유다가 경험한 신분 변화의 전과 후를 효과적으로 표현한다.

예루살렘에 대한 의인화는 자식을 잃고 망연자실한 어머니, 외로운 과부, 몰락한 공주, 창녀, 강간당한 여자, 배신당한 여인, 그리고 버림받은 아내로 표현되고 있다.

3 대적들이 예루살렘의 멸망을 비웃게 된 이유는 무엇인가?(1:5-7)

이스라엘이 경험하는 재앙의 원인이 하나님이기 때문에

이스라엘이 경험하고 있는 재앙은 바로 하나님 여호와가 고난의 원인이다. 유다의 죄가 이런 재앙을 초래한 것을 인정하지만 하나님에 대한 서운함도 있다. 예루살렘이 처량해진 만큼이나 시온의 원수들은 상대적으로 더 번성한다(5절). 저자는 원수들이 시온의 '머리'가 되었다고 한다(5절). 이스라엘이 하나님께 불순종할 때 그들에게 임할 것이라고 경고한 신명기 28:44에 기록된 저주인 '그는 네게 꾸어줄지라도 너는 그에게 꾸어주지 못하리니 그는 머리가 되고 너는 꼬리가 될 것이라'는 말씀이 그대로 성취된 것이다. 주의 백성을 정복하여 그들의 '머리'가 된 원수들은 '형통하다/평안하다'. 원래 주의 백성이 누려야 할 복을 그들이 누리고 있기 때문이다. 도성의 대적들은 시온의 몰락을 기뻐한다(7절).

4 수치와 멸시를 받는 여인을 가장 슬프게 하는 것은 무엇인가?(1:2, 9, 16,17)

누구도 그녀와 함께 슬퍼해 주지 않으며, 동정하지도 않는다.

비참한 상황에 처한 예루살렘은 마치 부정한 여인처럼 취급을 받는다(8-9, 13, 17절). 더 안타까운 것은 그 누구도 그녀와 함께 슬퍼해주지 않으며, 그녀의 형편에 동정해 주지 않는다는 것이다. 하나님은 그녀를 버렸고, 벗들은 원수가 되었기 때문이다. 외부와의 단절이야말로 가장 고통스러운 부분인데, 예루살렘은 그 누구에게도 위로받지 못한다는 분위기가 이 노래의 통일성을 더한다(cf. 2, 9, 16, 17, 21절). 특히 예루살렘의 고난에 대해 하나님이 관심을 보이지 않는다는 사실이 예루살렘에게는 가장 견디기 힘든 일이다.

5 한 때 전능자의 도성이라고 자부하던 예루살렘의 고통은 어느 정도인가?(1:12-16)

뼛 속까지 타는 듯한 아픔

여인은 자신의 슬픔이 세상에 유래가 없는 것이며(12절), 뼛 속까지 타는 듯한 아픔을 체험하고 있다고 토로한다(13-14절). 총체적인 무력함으로 아무것도 할 수 없으므로(13-14절), 그저 넋을 잃고 탄식하며 한없이 눈물을 흘릴 뿐이다(16절). 그 이유는 유다가 마치 술틀 안에서 으깨어진 포도 알처럼 망가졌기 때문이다(15절). 더 큰 문제는 이 술틀을 하나님이 밟으셨다는 것이다. 여인의 자녀들(예루살렘 거민들)은 하나님이 그들을 치려고 일으키신 군대에 대항하다 풍비박산이 났다(15-16절). 인간 군대에 대항해 싸우는 것도 버거운 연약한 시온에게 하나님이 보내신 군대에 맞서 싸운다는 것은 무모한 대항이다. 하나님의 백성이라고 자부하던 이스라엘 사람들이 이런 재앙을 당하고 있다.

삶의 내비게이션(적용)

1 예루살렘은 텅 빈 도성이 되었고, 예루살렘으로 가는 순례길도 비어 있다. 당신이 과거에는 잘 다녔던 곳이지만 지금은 발길을 끊은 곳이 있었다면, 어디인가? 이제는 가지 않는 이유는 무엇인가? 또는 예전에는 친하게 지내던 사람들과 더 이상 왕래하지 않는다면 그 이유는 무엇인가?

관찰문제 1번 참고. 순례자들로 북적이던 예루살렘의 순례길이 텅 비어 정막이 흐른다. 한 때는 가나안 지역이 군주로 자리 잡고, 주변 국가들로부터 조공을 받던 나라가 텅 비어 있다. 그녀의 남편이었던 하나님이 떠났기 때문이다. 마치 보호자인 남편이 없는 과부의 모습이다. 각자가 과거에는 잘 다녔던 곳이지만 이제는 발길을 끊은 곳이 있다면 이야기를 나누어 본다. 잘 다니던 음식점일 수도 있고, 술집이나 클럽일 수도 있다. 그 이유에 대해서도 말해 보도록 한다. 음식점의 경우 주방장이 바뀌어 음식 맛이 변해서 일 수 있고, 주인이 바뀌어 분위기나 서비스가 달라져서 일 수도 있다. 술집이나 클럽도 취향의 변화가 생겨서 안 갈 수도 있고, 술을 끊고, 클럽을 끊어서 안 갈 수도 있다. 장소에 대해 이야기를 나누어 보았다면 사람에 대해서도 이야기를 나누어 보도록 한다. 친하게 지내던 사람이 이제는 소식도 모르는 경우가 있을 수 있다. 그 이유에 대해서도 말해 보도록 한다.

2 예루살렘은 계속되는 경고를 무시하여 파괴되고 함락되었다. 당신의 삶에서 현재 자만하고 있는 것은?

관찰문제 1번 참고. 지리적인 요새이며, 예루살렘의 성전의 구조상, 그리고 다윗의 언약이 있는 한 예루살렘은 절대로 멸망하지 않는다는 것이 유대인들의 생각이었다. 그러나 하나님의 수많은 경고에도, 기회에도 단지 헛된 믿음만을 붙잡은 유대인들은 예루살렘이 함락되고, 파괴되는 것을 목격하는 고통을 당하게 된다. 선지자들의 계속되는 경고를 한 번만이라도 진지하게 생각하고 되돌아볼 수 있었으면 하는 안타까움이 남는다. 우리도 계속되는 경고를 무시하고 있지는 않는지 돌아보는 시간을 갖도록 한다. 현재 자만하고 있는 것은 무엇인가 말해보고, 예루살렘을 통해서 자만의 결과가 얼마나 비참한 것인지를 알아 돌이키는 시간을 갖도록 한다.

3 여인의 과거와 현재를 묘사하는 표현에 많은 변화가 있다. 당신의 과거와 현재를 표현해 보고, 미래에는 어떻게 묘사되기를 원하는가?

관찰문제 2번 참고. 여인의 과거는 여왕이었고, 공주이었다. 그러나 현재는 과부이며, 강제노동을 하는 종의 신세로 전락한다. 각자가 자신의 과거와 현재를 표현해 보고 미래에 어떻게 묘사되기를 원하는지 말해보도록 한다. 미래를 위해서 과거를 비꿀 수는 없지만 현재의 모습은 바꿀 수 있다. 그러므로 자신의 밝은, 소망하는 미래를 위해 현재를 살고, 미래에 묘사되기를 원하는 모습을 이루도록 한다.

Ⅶ. 마무리

기도로 마무리한다.
제12주 관찰문제를 예습해 오도록 한다.
실천과제를 제시한다.

생활의 아로마(실천)

예 1) 자만할 것이 있는지 살펴보도록 한다.

제12주 징벌을 지나 긍휼의 품으로

예레미야애가 3:1–30

학습목표

하나님의 심판 뒤에는 항상 회복과 구원이 임한다는 사실을 알 수 있다.

KEYWORD **고통, 견딤, 성실하심**

Ⅰ. 찬양과 기도

Ⅱ. 지난주 실천과제 나눔

Ⅲ. 복습문제 풀이

복습

1 대적들이 예루살렘의 멸망을 비웃게 된 이유는 무엇인가?(1:5–7)
이스라엘이 경험하는 재앙의 원인이 하나님이기 때문에

Ⅳ. 말씀 예레미야애가 3:1–30을 다 함께 읽는다

3:1 여호와의 분노의 매로 말미암아 고난 당한 자는 나로다
2 나를 이끌어 어둠 안에서 걸어가게 하시고
빛 안에서 걸어가지 못하게 하셨으며

3 종일토록 손을 들어 자주자주 나를 치시는도다
4 나의 살과 가죽을 쇠하게 하시며
나의 뼈들을 꺾으셨고
5 고통과 수고를 쌓아 나를 에우셨으며
6 나를 어둠 속에 살게 하시기를
죽은 지 오랜 자 같게 하셨도다
7 나를 둘러싸서 나가지 못하게 하시고
내 사슬을 무겁게 하셨으며
8 내가 부르짖어 도움을 구하나
내 기도를 물리치시며
9 다듬은 돌을 쌓아 내 길들을 막으사
내 길들을 굽게 하셨도다
10 그는 내게 대하여 엎드려 기다리는 곰과
은밀한 곳에 있는 사자 같으사
11 나의 길들로 치우치게 하시며
내 몸을 찢으시며
나를 적막하게 하셨도다
12 활을 당겨 나를 화살의 과녁으로 삼으심이여
13 화살통의 화살들로 내 허리를 맞추셨도다
14 나는 내 모든 백성에게 조롱거리
곧 종일토록 그들의 노랫거리가 되었도다
15 나를 쓴 것들로 배불리시고
쑥으로 취하게 하셨으며
16 조약돌로 내 이들을 꺾으시고
재로 나를 덮으셨도다
17 주께서 내 심령이 평강에서 멀리 떠나게 하시니
내가 복을 내어버렸음이여
18 스스로 이르기를
나의 힘과 여호와께 대한 내 소망이 끊어졌다 하였도다
19 내 고초와 재난 곧 쑥과 담즙을 기억하소서

[20] 내 마음이 그것을 기억하고 내가 낙심이 되오나
[21] 이것을 내가 내 마음에 담아 두었더니
그것이 오히려 나의 소망이 되었사옴은
[22] 여호와의 인자와 긍휼이 무궁하시므로
우리가 진멸되지 아니함이니이다
[23] 이것들이 아침마다 새로우니
주의 성실하심이 크시도소이다
[24] 내 심령에 이르기를
여호와는 나의 기업이시니
그러므로 내가 그를 바라리라 하도다
[25] 기다리는 자들에게나
구하는 영혼들에게
여호와는 선하시도다
[26] 사람이 여호와의 구원을 바라고
잠잠히 기다림이 좋도다
[27] 사람은 젊었을 때에 멍에를 메는 것이 좋으니
[28] 혼자 앉아서 잠잠할 것은
주께서 그것을 그에게 메우셨음이라
[29] 그대의 입을 땅의 티끌에 댈지어다
혹시 소망이 있을지로다
[30] 자기를 치는 자에게 뺨을 돌려대어
치욕으로 배불릴지어다

건너뛴 장 내용 요약

2장 도성에 임한 하나님의 심판

V. 관찰문제의 바른 답

말씀 돋보기(관찰)

1 하나님은 분노의 매를 맞고 있는 이스라엘을 어디로 이끄셨는가?(3:2-7)

빛도 없는 캄캄한 곳

성경에서 하나님이 이끄신다는 말은 일상적으로는 긍정적인 의미를 가지는데, 이번에는 다르다. 하나님이 주의 백성을 빛도 없는 캄캄한 곳으로 이끌고는 그곳에서 헤매게 하실 뿐만 아니라(2절), 온종일 분노의 막대를 들어 그들을 치고 또 치신다(3절). 얻어맞은 백성의 살점이 떨어져 나가며 뼈가 꺾인다(4절). 주의 백성의 고통은 끝날 기미가 보이지 않으며(5절), 결국 죽은 자처럼 어두움에 방치되어 있다(6절). 백성이 살아보겠다고 아무리 몸부림쳐도 소용없다. 그를 묶고 있는 사슬이 너무 무거워 뿌리칠 수가 없다(7절). 6-7절은 사슬에 묶인 채 감옥(물탱크)에 감금된 포로의 모습을 묘사한다. 하나님은 또한 체계적으로 그의 길을 굽게 하신다(9절). 3:1-9절은 시편 23편의 모든 내용을 반전시키고 있다.

2 저자는 혹독한 시련을 무엇에 비교하고 있는가?(3:19)

쑥과 담즙

저자는 이 혹독한 시련을 쑥과 담즙에 비교한다(19절). '쑥'은 매우 쓴 기름을 생산하는 재료이다. '담즙'은 독초나 독약을 생산하는 식물이다. 저자는 유다가 경험하는 고난을 상상할 수 있는 것들 중에 최고로 쓰고, 독한 것에 비교하고 있다. 그렇기 때문에 이 고통을 생각할 때마다 낙심이 된다고 고백한다(20절). 이스라엘이 당면한 현실은 매우 절망적이라는 뜻이다.

3 이스라엘에게 가장 절망적인 순간 한 가닥 희미한 소망은 무엇인

가?(3:22)

여호와의 무궁하신 인자와 긍휼

그것은 바로 여호와의 무궁하신 인자와 긍휼이다(22절). 무궁한 인자와 긍휼의 하나님은 시내 산에서 이스라엘과 언약을 맺으셨다. 저자는 시내 산 언약과 다윗에게 허락하신 언약(cf. 삼하7:15; 왕상8:23)을 기대하고 있다. 선하신 하나님이 결코 주의 백성의 고난을 끝까지 지켜보지만은 않으실 것이라는 소망이다. 이스라엘 역사에게 가장 어둡고 절망적인 순간에도 소망의 끈을 놓지 않는 것은 바로 하나님의 인자와 긍휼 때문이다. 하나님의 인자와 긍휼은 아침마다 새롭다(23절). 저녁이 되면 그 다음에는 꼭 아침이 찾아오는 것을 기대할 수 있는 것처럼, 하나님의 심판 뒤에는 꼭 용서와 은혜가 찾아올 것을 기대할 수 있는 것이다. 그러므로 저자는 하나님의 성실하심이 크다고 찬양한다.

4 하나님의 징계가 임할 때 우리가 취해야 하는 세 가지 자세는 무엇인가?(3:25-27)

a) 하나님의 선하심을 믿고 신뢰하는 것

b) 불만을 토하지 않고 확신을 가지고 하나님의 도움을 기다리는 것

c) 고통과 연단이 믿음을 강화시킨다는 사실을 알고 고난을 받아들이는 것

25-27절은 참 신앙에 대해 다음과 같은 세 가지 성향을 제시한다.

첫째, 하나님의 선하심을 믿고 신뢰하는 것, 둘째, 불만을 토하지 않고 확신을 가지고 하나님의 도움을 기다리는 것, 셋째, 고통과 연단이 믿음을 강화시킨다는 사실을 알고 고난을 과감히 받아들이는 것. 참 신앙의 진가는 삶에 고통이 임할 때 하나님께로부터 멀어지는 것이 아니라, 오히려 더 의지하고 신뢰하게 한다.

5 고통이 임할 때 단계적으로 나타나야 할 세 가지 반응은 무엇인가?(3:28-30)

a) 조용히 고통의 멍에를 지는 것

b) 머리를 땅에 대는 것

c) 빰을 때리거든 피하지 말고 오히려 다른 빰을 내미는 것

첫 번째 단계는 조용히 고통의 멍에를 지는 것이다(28절). 자신이 죄를 지었고, 이 고통이 자신의 죄 때문에 임했음을 겸허하게 받아들이는 행위이다. 두 번째 단계는 머리를 땅에 대는 것이다(29절). 벌을 내리시는 자에게 온전히 복종하겠다는 의지를 표현하는 행위이다. 고대 사회에서 땅에 머리를 대는 것은 상대방에게 완전한 순종을 상징하는 행위였다(cf. 시72:9; 미7:17). 세 번째 단계는 물리적인 폭행을 수용하는 것이다(30절). 벌을 내리시는 분에게 백기를 들고 항복하겠다는 상징적인 행위이다. 그러나 가장 바람직한 것은 애초에 고통(벌)을 당하지 않도록 경건한 삶을 사는 것이다.

저자가 가해자들이 빰을 때리거든 피하지 말고 오히려 다른 빰을 내밀라고 하는 것은 겸손하고 조용히 고난을 받으라는 권면이다. 고난이 삶에 임할 때 분명 바르게 그 고난을 받는 방법이 있다. 치는 자들에게 반항하지 않고 오히려 더 때리라며 다른 빰을 내미는 것은 자신이 맞을 만할 죄를 지었음을 하나님 앞에 고백하는 행위이다. 특히 고난이 하나님께로부터 온 것이라면 묵묵히 그 고난을 받아야 한다는 것이 저자의 논리이다.

Ⅵ. 적용과 나눔

삶의 내비게이션(적용)

1 과거에 당신이 하나님의 분노의 매라고 생각했던 경험은 무엇이 있었는가?

관찰문제 1번 참고. 성경에 의하면 선한 목자는 지팡이로 양을 먹기 좋은 풀과 쉴 만한 물가로 인도한다(cf. 시편23편). 또한 맹수들로 부터 양들을 지켜주며 어둡고 험난한 길을 갈 때 지표가 되어준다. 그러나 본문에서 목자로 묘사되는 하나님은 전혀 다른 분이다. 그분은 지팡이로 양들을 치고, 어둡고 무서운 곳으

로 양들을 몰아가신다. 양들은 보호를 받기보다는 감금당하고 억압당한다는 느낌을 받는다. 맹수들에게서 양을 보호하는 목자와는 달리 하나님이 사자와 곰 등 맹수가 되어 양들을 괴롭히신다. 양을 보호하기 위해 공격하는 맹수들을 치는 목자와는 달리 하나님이 직접 양떼를 공격하신다. 하나님의 분노의 매를 맞는 이스라엘의 모습이다. 우리도 하나님의 징벌의 대상이 되어 분노의 매를 맞을 수 있다. 각자가 하나님의 분노의 매라고 생각되었던 경험에 대해 이야기를 나누어 보도록 한다.

끊임없이 계속되는 질병으로 인한 치료와 재산의 탕진, 작은 오해로 시작해서 양가 집안 싸움에 지옥 같은 결혼생활을 하다 결별에 이른 부부, 경제적인 고통으로 인한 수치와 자멸감 등.

2 고통에 대한 세 가지 반응 중에서 당신은 어느 단계까지 감당할 수 있는가?

관찰문제 5번 참고. 고통의 세 가지 반응은 1단계 조용히 감당하는 것, 2단계 머리를 땅에 대는 완전한 복종, 3단계 뺨을 맞으면 다른 쪽 뺨을 내미는 물리적인 폭행을 수용하는 것이다. 각자가 어느 단계까지 감당할 수 있는가 이야기를 나누어 보도록 한다. 조용히 감당하는 것까지는 견딜 수 있을 것 같다고 할 수 있다. 아니 1단계도 나는 감당하지 못하겠다고 말할 수도 있다. 완전한 복종을 의미하는 머리를 땅에 대는 겸손한 자세를 취할 수도 있다. 사람마다 그 단계가 다를 것이다. 서로 발해 보도록 한다.

3 당신이 고통 중에 결코 소망을 포기하거나 낙담하지 않는 이유는 무엇인가?

관찰문제 3번 참고. 창세기 이후 성경은 하나님이 절대 심판을 위한 심판(죽이는 것을 목적으로 하는 심판)은 하지 않는다는 사실을 강조한다. 심판 뒤에는 항상 회복과 구원이 임한다. 그래서 온 인류를 물로 심판한 후에 노아와 가족들을 통해 새 인류를 창조하셨다. 선지자들이 하나님의 심판을 절망적으로만 보지 않는 것이 바로 이러한 이유 때문이다. 하나님은 회복과 구원을 염두에 두고 심판을 하신다. 저자는 이러한 사실에 소망을 두고 있다. 하나님의 신실하심이 곧 자비와 긍휼로 임할 것이라는 확신이 그의 소망이 된 것이다. 그러므로 우리는 하나님의 구원과 은혜는 꼭 임할 것이라고 믿어야 한다. 각자가 고통 중에서 결코 소망을 포기하거나 낙담하지 않는 이유에 대해 이야기를 나누어 보도록 한다. 사람(가족, 자녀)으로 인해 소망을 포기하지 않는다고 할 수 있다. 목표가 있어서 포기하지 않는다고 할 수 있다. 궁극적으로는 하나님의 인자와 신실하심으로 포기하지 않는다는 결론에 도달하도록 인도자는 토론을 마무리하도록 한다.

Ⅶ. 마무리

기도로 마무리한다.
다음 과정 성경공부에 초대한다.
실천과제를 제시한다.

생활의 아로마(실천)

예 1) 포기하거나 낙담한 것에서 소망을 갖도록 한다.

비밀 유지 서약서

나는 이 그룹에서 나눈 것들을 다른 곳에 누설하지 않기로 약속합니다. 또한 다른 그룹원들이 숨기고자 하는 내용을 나누도록 압력을 가하지 않기를 약속합니다. 하나님과 그룹원들에게 나의 약속을 성실히 이행할 것을 서약합니다.

서명______________________________

날짜______________________________

예레미야(II) 말씀 공부를 통한 삶의 변화 일지

주	나의 말씀 적용(생활의 아로마)	실천과정과 결과
1주		
2주		
3주		
4주		
5주		
6주		

주	나의 말씀 적용(생활의 아로마)	실천과정과 결과
7주		
8주		
9주		
10주		
11주		
12주		

예레미야(II) 엑스포지멘터리 성경공부 출석

	1	2	3	4	5
이름 / 주					
OT (월 일)					
1주 (월 일)					
2주 (월 일)					
3주 (월 일)					
4주 (월 일)					
5주 (월 일)					
6주 (월 일)					
7주 (월 일)					
8주 (월 일)					
9주 (월 일)					
10주 (월 일)					
11주 (월 일)					
12주 (월 일)					
합계					
연락처					
메모 (가족/기도)					

6	7	8	9	10	11	12

송병현 〈엑스포지멘터리 시리즈〉의 저자. 캐나다 틴대일 대학교(B. Th.)와 미국 시카고 트리니티 복음주의신학교를 졸업하고(M. Div.) 동 대학원에서 박사학위(Ph. D.)를 받았다. 1997년부터 백석대학교 구약학 교수로 봉직 중이며 2009년부터는 선교지의 지도자 교육을 위해 강사진을 파송하는 STAR 선교회를 이끌고 있다. 목회자와 신학생뿐 아니라 하나님의 말씀에 진지하게 귀기울이기 원하는 이 땅의 그리스도인들을 섬기기 위해 활발한 성경강해와 해석 사역을 펼치고 있다.

송(임)우민 캐나다 틴대일 대학교(B. Th.)와 미국 시키고 트리니티 복음주의신학교를 졸업(M. Div.), LA에 있는 탈봇신학교에서 기독교교육학으로 박사학위(Ph. D.)를 받았다. 20여 년간 북미와 한국에서 영어 주일학교 전도사로 교회학교 현장에서 사역하였으며, CMIS 캐나다국제학교 이사, Korea Montessori College 교수, 몬테쏘리 교사 및 컨설턴트 등 다양한 교육학적 경력을 통해 학부모 세미나, 부부 세미나, 교사 세미나와 주요 강사로서 가정과 주일학교를 말씀으로 세우기를 갈망하는 부모와 교사들을 섬기고 있다. 현재 백석예술대학교 사회복지학부 전임교수로 봉직 중이며, 남편 송병현 교수와 함께 STAR 선교회 이사로 섬기고 있다.

엑스포지멘터리 성경공부 시리즈 예레미야(Ⅱ) - 인도자용

초판 1쇄 발행 2019년 10월 25일
2쇄 발행 2019년 10월 26일

지은이 송병현, 임우민
구성 신윤영

펴낸곳 도서출판 이엠
등록번호 제25100-2015-000063
주소 서울시 구로구 공원로 3번지
전화 070-8832-4671
E-mail empublisher@gmail.com

내용 및 세미나 문의 스타선교회: 02-520-0877 / EMail: starofkorea@gmail.com / www.star123.kr

ISBN 979-11-86880-69-2 93230

※ 가격은 표지 뒷면에 있습니다.

「이 도서의 국립중앙도서관 출판시도서목록(CIP)은 서지정보유통지원시스템 홈페이지(http://seoji.nl.go.kr)와 국가자료공동목록시스템(http://www.nl.go.kr/kolisnet)에서 이용하실 수 있습니다. (CIP제어번호:CIP2015000753)」